労働訴訟・審判の弁護士スキル

学陽書房

はしがき

　労働裁判（労働訴訟、労働審判及び労働仮処分）を適切に遂行するためには、労働法（労働契約法、労働基準法等）の知識と民事訴訟法の知識が必要ですが、それだけでは十分ではありません。例えば、労働審判手続は従前の裁判手続にはない特徴を持った独特な手続ですから、その特徴についてきちんと理解して臨まなければ適切な対応はできません。また、労働訴訟や労働仮処分についても、一般の民事訴訟とは異なる特有のスキルがあります。

　そのため、本書では、労働裁判を遂行するうえで知っておくべき実務上のスキルに焦点をあて、その勘所について解説しました。

　本書で解説している事項は次のとおりです。

　第1章では、総論として、労働裁判全般に共通する事項を取り上げました。手続を選択する際の目安、労働事件における証拠収集・判例調査の方法、判決予想の仕方など、裁判手続に入る前に必要な労働裁判のスキルについて解説しています。

　第2章では、労働訴訟に関するスキルとして、訴状や準備書面を作成する際のポイント、期日のマナーと対応方法、尋問技術等について解説しています。労働訴訟は民事訴訟の一つですから、民事訴訟のスキルを全般的に解説していますが、それだけではなく、労働事件特有の訴訟のスキルについても深掘りしました。

　第3章では、労働審判のスキルとして、労働審判手続全般についての対応のポイントを解説しています。近時、労働審判が労働紛争解決の中核をなしていることに鑑み、どのように準備・対応すべきかを場面毎に詳しく解説しました。

　第4章では、労働仮処分のスキルとして、賃金仮払い仮処分手続についての重要なポイントを解説しています。

　第5章では、典型的な事件類型として、地位確認請求事件（普通解雇、

懲戒解雇、雇止めの無効、休職期間満了）、未払賃金請求事件、損害賠償請求事件（ハラスメント）、労災に関する事件を取り上げ、事件類型毎に最低限知っておくべき基礎知識と労働裁判における主たる争点（主戦場）について解説しています。

　労働事件は事件数が多く、当事者双方に代理人弁護士がつく割合も高いため、たくさんの弁護士が関与することができる分野です。そのため、本書は、労働事件を担当する弁護士を主な読者として想定していますが、労働裁判手続に関心がある企業の担当者や司法修習生にも読まれることを期待しています。

　本書の特徴として、労働者側と使用者側の双方に必要な事項を解説していることが挙げられます。広く労働裁判に関与する際に活用され、労働裁判における正義の実現にささやかなりとも寄与できれば幸いです。

　最後になりますが、本書の企画から刊行まできめ細かく配慮していただいた学陽書房の大上真佑氏に心から御礼申し上げます。

令和5年7月

弁護士　佐藤久文

凡　例

【法令】

労基法	労働基準法
労審法	労働審判法
労契法	労働契約法
民訴法	民事訴訟法
民保法	民事保全法
個人情報保護法	個人情報の保護に関する法律
労働施策総合推進法	労働施策の総合的な推進並びに労働者の雇用の安定及び職業生活の充実等に関する法律
労審規	労働審判規則
民訴規	民事訴訟規則

【裁判例】

（正式）大阪地方裁判所判決平成 22 年 7 月 15 日労働判例 1014 号 35 頁

（略記）大阪地判平 22 年 7 月 15 日労判 1014 号 35 頁

【判例集・雑誌等】

民集	最高裁判所民事裁判例集
判時	判例時報
判タ	判例タイムズ
判秘	判例秘書
労判	労働判例

【書籍】

『類型別 I・II』　佐々木宗啓ほか編著『類型別　労働関係訴訟の実務〈改訂版〉I・II』（青林書院、2021 年）

第 **1** 章

労働事件の
基本を踏まえる

1

やりがいと難しさを知り、正義を実現する

1 労働法は弁護士に人気の分野となった

「労働法」（あるいは労働関係法）という名称の法律があるわけではなく、実務では、労働条件に関することが定められた法律の総称として使われています。本書でも、その意味で「労働法」という言葉を使います。

以前は、労働法というと「論理的ではない」「思想的なイメージがある」などの理由で敬遠する弁護士が多かったように思いますが、最近は一変し、人気のある法分野になっています。

労働法が人気分野へと格上げされた理由は、2つあると思います。

1つ目は、個別労働紛争の増加です。個別労働紛争は、個々の労働者がその権利を請求するもので、労使間の思想的対立を背景にした集団的労使紛争（労働組合と使用者との間の紛争）よりも一般の弁護士に馴染みやすいという側面があります。このような個別紛争の数は近年とくに増えており、そのため労働法が多くの弁護士の興味の対象となりました。

2つ目は、平成20年に施行された労契法の誕生です。労契法が誕生する前は、労働契約に関する紛争の法源は判例法のみであり、規範が不確定・不明確という印象がありました。しかし、労働契約に関する紛争の解決準則たる法規範である労契法が誕生したことで、労働契約に関する規範が確定し明確になりました。これに伴い、労働法に関する法解釈の議論が進み、現在では労働法は論理的な法分野の一つになっています。弁護士は、論理的な思考を好む者が多いので、労働法は弁護士の好みに合う法分野になったのです。

2 労働訴訟は難しく、その分やりがいがある

　訴訟事件の難易度が高いほど、弁護士はやりがいを感じるものです。難しい事件とは、例えば、未決着の法的論点（新規の論点）がある事件、規範的要件（法律の定める要件が抽象的で評価を必要とする要件）の存否が争点になる事件です。難しい事件は、弁護士の作成する主張書面によって訴訟の勝敗が左右されますので、責任重大ですが、その分やりがいがあるのです。

　労働訴訟は、難しい訴訟類型に分類されます。近年の労働法の大改正に加えて、コロナ禍における働き方の変化に伴い、労働法に関する新規の論点が次々に登場していますし、労働訴訟では、解雇や懲戒処分の「合理的な理由」、「社会通念上相当」（労契法15条、16条）といった規範的要件の存否が争点になる事案が多いからです。新規の論点や規範的要件については、裁判例や学説で理論武装したうえで、論理的で明快な主張を行わなければ、裁判官の理解を得ることはできません。

　また、労働訴訟は、一般民事事件よりも尋問が実施される割合が高く、しかも、採用される証人の数が多いという特徴があります。加えて、証人尋問で決着がつく事案もたくさんあります。そのため、労働訴訟では、高い尋問の技術が求められます。

　このように、労働訴訟は難しく、その分やりがいがあるのです。

3 労働審判は、実は、労働訴訟より難しい

　労働審判は手続が柔軟で短期間で終了するため、「労働訴訟より簡単だ」と誤解されがちですが、実は、上手く追行するのは労働審判のほうが労働訴訟よりも難しいと思います。その理由は次のとおりです。

　まず、労働審判の判断権者である労働審判委員会は、早期に心証を形成してしまいます。最初の期日で心証を形成することも少なくありません。そのため、当事者は原則として最初の期日までに自分の主張を尽くさなければなりません。従前の交渉経過から相手方の主張を予想して、

相手方の主張に対する反論までしなければならないのです。

　とくに、使用者側の場合は、答弁書の準備期間が２～３週間しか与えられませんから、労働法に精通している弁護士でなければ適切な反論をすることは難しいです。

　また、労働審判の審理は、いわゆるディベート型審理です。労働審判委員会は、労働審判手続期日における口頭でのやりとりを通してどんどん心証を形成していきます。そのため、代理人は、労働審判委員会に対して自己の主張を端的に説明するとともに、釈明を求められた場合には即座に回答しなければなりません。

　ここで実際のやりとりを少し再現してみます。例えば、雇止めの事件で裁判官から、「この事件の主たる争点は、雇止めの合理性と社会的相当性の有無ですね？」と質問された場合、使用者側代理人としては、「その前に、本件では更新に対する合理的期待が認められません」と回答します。そうすると、裁判官から、「合理的期待が認められない理由はなんですか？」と追加の質問がなされますので、使用者側代理人としては、「乙３号証の雇用契約書をご覧ください。この契約書の第３条に、更新は通算３年を上限とすると更新の上限に関する規定があります。今回の雇止めはその更新の上限に行ったものです。よって、合理的期待は認められません」と回答します。訴訟のように、「次回期日までに書面で回答します」などという対応は許されません。

　さらに、通常、労働審判手続期日には、申立人本人や企業の担当者が出席するよう求められます。これらの者は、単に期日に出席すればよいわけではなく、労働審判官・労働審判委員からの質問に回答しなければなりません。訴訟で例えるなら、第１回口頭弁論期日において当事者尋問が対質形式でなされるような感じです。そのため、当事者との打ち合わせも、最初の期日の前に綿密に行わなければなりません。

　このように労働審判は、短期間に訴訟と同様の手続が行われますし、期日における口頭のやりとりを通して労働審判委員会が心証を形成しますので、準備をする時間が非常に短く、また、期日では臨機応変に対応しなければならないという特徴があります。

そのため、労働法と民事訴訟手続に精通していなければ、労働審判に適切に対応することは難しいです。

4 社会正義の実現に貢献できる

「弁護士は、基本的人権を擁護し、社会正義を実現することを使命とする」(弁護士法第1条)。労働事件は、この使命の実現を実感できる仕事です。このことは、労働者側の代理人だけではなく、使用者側の代理人にもあてはまります。

労働訴訟や労働審判では、自らが正義だと信じる主張を堂々とすることができますし、その主張が正しい場合には、裁判所の判断(判決)によって正義が実現されます。

しかも、裁判所の判断(判決)は、判例雑誌等で紹介されて実務に大きな影響を与える場合があります。判例が積み重なり、その内容が法律として制定されることもあります(労契法はそれまでの判例法理が明文化されたものです)。

労働訴訟や労働審判における代理人の活動が、実務に良い影響を与えるうえ、社会正義の実現に貢献することもできるのです。

「使える」書籍から知識を得る

1 労働訴訟や労働審判で「使える」書籍

　最近は労働法が人気分野になったため、とてもたくさんの書籍が販売されていますが、玉石混交ですので、良い本を選んで使う必要があります。とくに、労働訴訟や労働審判用に使う場合には、判断権者である裁判官が信頼する書籍を選ぶべきです。

　裁判官が信頼する書籍は、裁判官が書いた実務本、著名な学者が書いた基本書・体系書及び厚生労働省が書いたコンメンタールです。以下、代表的なものを紹介します。

2 裁判官が書いた実務本

　佐々木宗啓ほか編著『類型別　労働関係訴訟の実務〈改訂版〉Ⅰ・Ⅱ』（青林書院、2021年）、白石哲編著『労働関係訴訟の実務〈第2版〉』（商事法務、2018年）は、どちらも東京地裁の労働専門部に在籍した裁判官が執筆した本ですので、労働訴訟や労働審判の実務で安心して使うことができます。

　『類型別』は、労働訴訟を追行するうえで必要な知識が網羅されており、初心者からベテランまで使うことができる最高の実務マニュアルです。手元に備えるべき本の一つだと思います。この本では、訴訟手続だけではなく労働法（実体法）に関しても、紛争類型別（訴訟物毎）にQA形式で分かりやすく解説されていますので、依頼者から相談を受けた場合には、まずこの本の該当箇所に目を通すのがよいでしょう。

　『労働関係訴訟の実務』は、メジャーな論点毎に判例の考え方や訴訟における主張立証上の留意点が整理されています。論点毎に詳しい解説

がなされていますので、『類型別』を補充する実務本として利用することをお勧めします。

3 著名な学者が書いた基本書・体系書

菅野和夫『労働法〈第12版〉』（弘文堂、2019年）、水町勇一郎『労働法〈第9版〉』（有斐閣、2022年）は、いずれも労契法、労基法、労働組合法などの労働法全般について詳細かつ網羅的に解説した基本書（体系書）です。

通説的な解説が多いので、労働訴訟や労働審判の実務でそのまま参照したり引用したりすることができます。どちらか1冊は手元に置いておくことをお勧めします。

これらの本の使い方ですが、私は、まず、受任した事件で関係しそうな箇所を通読し、次に、引用されている判例を判例雑誌等で調べて目を通します。さらに、索引を用いて、関連する法律用語が記載されている箇所を確認して、受任している事件に関係する知識で漏れがないかを確認しています。

4 厚生労働省が書いたコンメンタール

厚生労働省労働基準局編『令和3年版　労働基準法（上・下）』（労務行政、2022年）、厚生労働省労政担当参事官室編『六訂新版　労働組合法　労働関係調整法』（労働行政、2015年）は、厚生労働省が出版している労基法と労働組合法のコンメンタール（逐条解説）です。

逐条式に網羅的な解説がなされています。どちらかというと、日常の労務相談への対応の際に用いることが多い本ですが、労働訴訟や労働審判でも、労基法や労働組合法の解釈が争点となる事件の場合は必ず参照するようにしています。厚生労働省の見解に基づく解説ですので、訴訟や労働審判でもそのまま通用します。

3

判例は優先順位をつけ、
徹底的に調査する

1 判例の調査は徹底的に

　最高裁判例は、その後の下級審の訴訟に対して事実上の拘束力がありますが、高裁・地裁（下級審）の判例（法的には「裁判例」と呼ぶのが正しい）には拘束力はありません。

　しかし、下級審の裁判官が、他の下級審裁判所の判例を参考にするというのは、実務では普通に行われています。

　そのため、判例を調査する場合には、最高裁判例を調査するだけでは十分ではありません。下級審の判例も調査してください。

　とはいっても、労働事件では同種事件の判例が膨大にありますので、優先順位、判例調査の方法に工夫が必要です（22頁参照）。

2 判例の調査の優先順位

　私の場合、まずは、裁判所で優先順位をつけます。具体的には、「最高裁判決→高裁判決（東京高裁→大阪高裁→名古屋高裁→それ以外の高裁の順）→東京地裁、大阪地裁、名古屋地裁、千葉地裁、京都地裁、神戸地裁、福岡地裁（労働専門部・労働集中部がある裁判所です）の判決→それ以外の地裁判決」の順です。

　地裁判決の場合は、「合議事件（裁判官３人が担当する事件）→単独事件」の順とします。合議事件は単独事件よりも難しい事件ですから、裁判官もより慎重に判決を作成しているだろうと推測するためです。

　さらに、これはなかなか難しいのですが、裁判官の経歴を調べることもあります。最高裁、高裁長官、高裁部総括等や労働部の経験者かどうかなどを見ます。

3 判例調査の方法

　判例調査の方法の１つ目は、基本書を出発点とした調査です。まずは、基本書の該当頁を読み込み、そこで紹介されている判例を調査する方法です。本書17頁で紹介している基本書の場合、対象となる論点に関して、参考になる判例（最高裁判例、当該論点に関してその後の裁判で踏襲されている規範を判示する下級審判例）が複数紹介されていることが多いと思いますので、この方法は非常に有用です。

　基本書で紹介されている判例については、労働判例や判例タイムズ等の判例雑誌で全文に目を通してください。また、その判例の解説部分に同種事例の過去の判例が掲載されていることが多いので、解説部分に掲載されている判例も調査して、同種判例の網羅性を高めていきます。

　２つ目の方法は、キーワード検索です。有料の検索システムを用います。検索システムはいろいろありますが、私はWestlaw Japanと判例秘書（労働判例）を利用しています。

　例えば、パワーハラスメントを理由とした懲戒解雇の事案であれば、「解雇」「労働契約法」「16条」「パワーハラスメント」又は「パワハラ」などと複数のキーワードを入力して検索します。「16条」とは労契法16条のことですが、「労働契約法16条」をキーワードにした場合には、判決文に「労働契約法15条、16条」と記載されている場合に該当しませんので、「労働契約法」と「16条」を別個のキーワードとします。

　なお、キーワード検索の場合、膨大な数の判例がヒットすることがありますが、その場合は前述２の優先順位に従って絞り込みをかけていきます。

4 判例分析・引用の手法

（1）最高裁判例

　最高裁判例には、法理判例と事例判例の２つがあります。法理判例とは、一般法理を示したもので、法律と同等の規範性が認められるもので

す。これに対して、事例判例とは、当該事例と同様の事情があった場合にはじめて適用される法理を示すものです。

　そのため、最高裁判例を引用する場合には、それが法理判例か事例判例なのかを判別し、事例判例を引用する場合は、当該事例と同様の事情（事実関係）があることをあわせて主張しなければなりません。

　最高裁判例の場合、最高裁裁判官の「補足意見」（最高裁判例の理論や理由を補足するもの）がその後の地裁判例において参考にされる場合もありますので、これも分析してください。

（2）下級審判例

　下級審判例に拘束力はありませんので、引用する目的が最高裁判例とは異なります。

　同種事例における他の裁判官の判断を示すことで、担当裁判官の経験則を補充するイメージです。担当裁判官は、引用された判例を読み、「これは東京高裁の甲口裁判官が判断した事案だな。これは参考になりそうだぞ。事例もよく似ているな。本件も同じような判断でよさそうだな」などと考えると思います。

　そのため、下級審判例を引用する場合には、当該事例と似た事例であることを強調する必要があります。

(3)『最高裁判所判例解説』（民集掲載判例を検討する際）

　『最高裁判所判例解説』というのは本の名称です。裁判官は、「判例解説」というと『最高裁判所判例解説』を思い浮かべます。それくらい、裁判官にとって『最高裁判所判例解説』は特別なものです。

　『最高裁判所判例解説』は、民集（最高裁判例の中でもとくに重要なもの）に掲載された判例のみが対象となります。最高裁調査官（裁判官の中でもとくに優秀な者が任命されることが多い）が記載したものなので、「調査官解説」と呼ぶ人もいます。

　『最高裁判所判例解説』で解説されている論点に関しては、判例の射程が記載されているほか、学説や下級審判例も紹介されています。『最

高裁判所判例解説』は、まず、「法曹時報」に掲載されます。

　『最高裁判所判例解説』の欠点は、判例が出てから法曹時報に掲載されるまでに時間がかかる（1年から2年かかる）ことです。

　『最高裁判所判例解説』が出ていない場合には、ジュリストの「最高裁　時の判例」を探します。これも最高裁調査官が執筆するので信頼性の高い解説です。

　「最高裁　時の判例」も出ていない場合は、判例時報や判例タイムズの判例の前書き部分に記載されている解説を参考にします。

4

判決を予想して戦略を立てる

1 判決を予想し依頼者に説明せよ

　弁護士は、訴訟の結論（判決）を予想して依頼者に説明しなければなりません。そうしなければ、依頼者は方針を決めることができないからです。

　判決の予想といっても、確度が８割以上の場合もあれば、五分五分の場合もあります。また、訴訟の進行とともに予想が変わることもあります。

　重要なのは、どうしてそのような予想をするのかをきちんと依頼者に対して説明することです。

　説明する内容は、①予想される争点、②争点に関する法律、判例の考え方、③あてはめ（証拠に基づく事実認定及び評価）です。

　依頼者に説明する場合、例えば、「本件では、経歴詐称による懲戒解雇の有効性が争点になります。経歴詐称を理由に懲戒解雇が認められるためには、経歴詐称が重要な経歴に関するものでなければならないというのが判例の傾向です。重要な経歴に関するものかどうかは、その経歴詐称を知っていた場合には通常採用しなかったであろうと認められるかどうかによって判断されます。本件の場合、○○の資格に関する経歴詐称があったことは経歴書の記載から明らかです。また、この資格の有無は、貴社の業務遂行能力に関わるものですので、重要な経歴に関する詐称に該当する可能性が高いと考えます。したがって、懲戒解雇は有効である可能性が高いと考えます」などと説明してください。

2 判決を予想する方法（要件事実の認定）

　判決の予想は、証拠や間接事実から要件事実の有無を認定して行います。

　要件事実の認定の難易度は、生の事実の存否が争点になる事案と規範的要件が争点になる事案とで大きく異なります。

（1）生の事実の存否が争点となる事案

　生の事実の存否が争点となる事案とは、例えば、未払残業代請求事案における日々の始業・終業時刻、セクハラ・パワハラ事案における具体的行為や懲戒事案における懲戒事由に該当する具体的言動（職務懈怠や職務命令違反に該当する具体的言動）の有無が争点となる事案のことです。

　生の事実の存否が争点となる事案の場合、判決の予想は比較的簡単です。事実を認定することができる証拠があれば勝訴の見込みが高く、逆に、証拠がなければ勝訴の見込みが低いということになります。

　例えば、未払賃金請求事件で日々の始業・終業時刻が争点となる事案の場合、タイムカード等の客観的証拠があれば（通常は客観的証拠があるはずです）、労働者（原告側）勝訴の見込みが高いと予想することができます。

　また、セクハラやパワハラ事案の場合、メールやLINE等の客観的証拠があれば労働者（原告側）勝訴の見込みが高いと予想しますが、逆に、本人の供述しか証拠がない事案の場合は、労働者（原告側）勝訴の見込みは低いと予想することになります。

（2）規範的要件の認定が争点となる事案

　規範的要件とは、法律の定める要件が抽象的で評価を必要とする要件のことです。例えば、労契法16条（普通解雇）の「客観的に合理的な理由を欠き、社会通念上相当であると認められない場合」が規範的要件の典型例です。「客観的に合理的な理由を欠き、社会通念上相当である

と認められない場合」という要件は、具体的事実そのものではなく、裁判官が具体的な事実を総合的に評価して判断する規範的要件です。

　規範的要件が争点となる事案の場合、判決の予想は困難です。裁判官が具体的な事案を総合してどのような評価をするのか、ということまで予想しなければならないからです。

　裁判官の評価（規範的要件の認定に関する経験則）は必ずしも皆さんの常識と一致するわけではありません。そのため、同種事案の裁判例をたくさん分析して、裁判官の評価の傾向を知る必要があります。

　同種事案の裁判例の分析は次のように行います。例えば、能力不足を理由とする解雇の場合、「労働契約を継続しがたい重大な事由」と「解雇回避措置を講じたこと」の2つの要件を充足しない限り、「客観的に合理的な理由」（労契法16条）の要件が認められず、解雇は無効になるということが分かります。さらに分析を進めると、能力不足が「労働契約を継続しがたい重大な事由」に該当すると評価されるためには、平均的な能力水準に達していない（例えば、下位10％等）だけでは足りず、人事評価の結果が著しく悪い等の特別な事情が認められることが必要だということが分かります。

　このように裁判官の評価の傾向を把握したうえで、当該事案の具体的な事情をその分析結果にあてはめて規範的要件の有無を認定してください。

3　判決を予想する方法（訴訟の経過や裁判官の言動）

　判決は、証拠や間接事実から要件事実の有無を認定することによって予想するのが原則ですが、訴訟の経過や裁判官の言動からも推し量ってください。裁判官によって、経験、能力には大きな差があり、結論が異なることはめずらしいことではありませんので、証拠や事実からの予想だけでは安心できないのです。

　裁判官の心証を推し量るうえでとくに重要なのは、弁論準備手続期日における裁判官の言動です。弁論準備手続期日は裁判官とざっくばらん

に話をする機会が与えられますから、話をしているうちに、裁判官の心証がおおよそ分かってきます。弁論準備手続の終結時点（尋問直前の時期）において裁判官の心証は7割程度固まっていることが多いようです。

　また、証人尋問後の和解手続における裁判官の和解案は、裁判官の心証をベースにしたものですので、裁判官の心証がはっきりと分かることが多いです。

4　予想に基づく訴訟戦略

　敗訴が予想される事案の場合は、早期に和解したほうが得なことが多いと思います。訴訟の負担から早期に開放されるという利益がありますし、裁判官の心証が固まる前であれば、裁判官が相手方に対して柔軟な内容（判決と異なる内容）の和解を勧めてくれることも少なくありません。

　これに対して、尋問後は、裁判官の心証が固まってしまい、その内容は相手方にも予想可能ですので、柔軟な内容（判決から外れた内容）の和解をすることは難しくなります。そのため、敗訴が予想される事案の場合、遅くとも証人尋問前に和解をするのが得策だといえるでしょう。

　また、尋問の作戦を立てるうえでも判決の予想は重要です。この点は76頁で解説します。

紛争に相応しい解決手続を選ぶ

1 紛争解決手続の利用

　労働紛争には、個別労働紛争と集団的労使紛争があります。

　個別労働紛争は、労働条件等に関する個々の労働者と使用者との間の紛争です。雇用契約の存否に関する紛争、賃金請求権その他雇用契約又は就業規則に基づく権利関係に関する紛争が典型例です。

　集団的労使紛争は、労働組合と使用者との間の紛争です。不当労働行為に関する紛争が典型例です。

　労働紛争が生じた場合、まずは、労働者と企業あるいは組合と企業との間で解決のための話し合い（当事者間の自主的解決）を試みますが、自主的な話し合いが決裂した場合は、紛争解決手続の利用を検討することになります。

　紛争解決手続としては、行政機関が主催する手続と裁判所が主催する手続があり、個別労働紛争と集団的労働紛争では、その解決のために利用できる手続が異なる場合があります。

2 行政機関が主催する手続

（1）個別労働紛争解決のための手続

　行政機関が主催する個別労働紛争解決のための手続としては、都道府県労働局長による助言・指導と紛争調停委員会によるあっせんの手続があります。

　都道府県労働局長による助言・指導は、紛争当事者（企業と労働者）に対し、紛争の問題点を指摘し、解決の方向を示すことにより、当事者による自主的な解決を促進する制度です。

紛争調停委員会によるあっせんの手続は、紛争当事者の間に公平・中立な第三者として労働問題の専門家（弁護士、大学教授等）が入り、双方の主張の要点を確かめ、あっせん案を提示するなどして、紛争当事者の話し合いを促進して紛争の解決を図る制度です。

　行政機関が主催する個別労働紛争解決のための手続を利用する最大のメリットは、手続が迅速に進み、費用がかからないことです。

　他方で、デメリットは、強制力がないこと（労働者と使用者の双方が納得して合意に至らない限り紛争は解決しません）と裁判官が関与しないことです。そのため、弁護士がこれらの手続を積極的に利用することは稀だと思います。

（2）集団的労使紛争解決のための手続

　行政機関が主催する集団的紛争解決のための手続としては、労働委員会が主催する不当労働行為の救済制度と労働争議等の調整の制度があります。

　不当労働行為の救済制度は、正当な理由のない団交拒否などにより労使間で団体交渉が正常に行われない場合、使用者が労働組合の結成や運営に支配介入を行ったり、正当な組合活動などを理由として解雇や人事異動等の不利益な取扱いを行ったりした場合に、労働者側からの救済申立てに基づきこれを審査し、不当労働行為の事実が認められた場合には、労働委員会が使用者に対して禁止や是正の命令（救済命令）を行うものです。

　労働争議等の調整の制度は、労使関係上の問題を巡り労働組合と使用者との間で主張が対立し、労働争議が発生した場合に、労働組合や労働者の団体又は使用者のいずれか一方又は双方からの申請に基づき、「あっせん」「調停」「仲裁」を行い、当事者の譲り合いによって紛争を解決に導くものです。

（3）労災保険給付の請求

　労災の場合、企業は災害補償責任（労基法75条以下）を負いますが、

この責任は、労災保険によって担保されていますので、保険の範囲内の損害については、通常は、労働基準監督署長に対する労災保険給付の申請を行います。これは弁護士が代理人に就いた場合も同じです。

労災保険給付と民事損害賠償の使い分けについては、132頁を参照してください。

3　裁判所が主催する手続

裁判所が主催する手続には、民事調停手続、仮処分手続、労働審判手続、訴訟手続があります。

民事調停手続は、簡易裁判所が主催する一般の民事調停手続と同じです（労働事件用に特別の調停手続があるわけではありません）。調停委員が当事者の間に入り、双方の主張の要点を確かめ、調停案を提示するなどして、当事者の話し合いを促進して紛争の解決を図る手続です。労働紛争の解決の実効性という面では、労働審判手続のほうが優れている点が多いので、弁護士が労働事件に関して調停手続を利用することは稀だと思います。

仮処分手続は、訴訟における本案判決を待つことができない、保全の必要性がある事案における裁判所の暫定的な処分です。紛争を終局的に解決する手続ではありませんし、保全の必要性が要件ですので、労働紛争で仮処分手続を利用するのは、実務では、賃金の支払を受けないと生活できないような場合に賃金の仮払いを求める場合がほとんどだと思います。

労働審判手続と訴訟手続の使い分けは、90頁を参照してください。

【行政機関が主催する手続】

	主催者等	弁護士が利用するか
助言・指導	都道府県労働局長	利用することは稀
あっせん	紛争調停委員会	利用することは稀
不当労働行為の救済制度 労働争議等の調整の制度	労働委員会	利用する
労災保険請求	労働基準監督署長	利用する

【裁判所が主催する手続】

	弁護士はどのような場合に利用するか
調停	労働事件で利用することは稀
仮処分	労働者代理人として賃金仮払いを求める場合に利用する
労働審判	個別労働紛争で、かつ、「3回以内の期日で紛争解決の見込みがある」場合に利用する
訴訟	・個別労働紛争については、「3回以内の期日で紛争解決の見込みがない」場合に利用する ・集団的労使紛争事案については、労働委員会の救済命令などに対して取消訴訟を提起する場合に利用する ・労災事案については、労働基準監督署長の不支給決定に対して処分取消訴訟を提起する場合に利用する（なお、使用者に対して民事損害賠償請求をする場合もある）

6

労働者側は、典型的な証拠と その収集方法を知る

1 証拠収集

　労働訴訟においては、訴訟の類型毎に必須の証拠がありますので、それらを漏れなく収集しなければなりません。

　そのためには、事件類型毎にどのような証拠があるか（典型的な証拠書類）、その証拠をどのように収集するのか（証拠収集の方法）を知っておくことが重要です。

2 典型的な証拠書類

　以下では、事件類型ごとに典型的な証拠を紹介します。労働者側の代理人となった場合は証拠収集の参考にしてください。

① 割増賃金請求※

立証したい事実	証拠書類
雇用契約の内容 ・賃金額 ・支払日（月給制） ・1日の所定労働時間 ・年間所定労働日数	・雇用契約書 ・労働条件通知書 ・就業規程（賃金規程） ・労働協約
時間外労働時間 ・勤務日 ・勤務時間	・出退勤管理システム記録 ・勤務表・出勤簿 ・タイムカード ・業務日報等 ・パソコンのログイン・ログオフ記録 ・電話・ファックス・メールの通信記録

給与支給額	・給与明細 ・賃金台帳

※請求する期間分の資料を提出する必要があります（賃金債権の消滅時効は5年間（ただし、経過措置により当分の間は3年間））。

② 退職金請求

立証したい事実	証拠書類
退職金に関する約束	・雇用契約書 ・就業規程（退職金規程）
労使慣行	・過去の支給実績に関する文書
退職の事実	・退職願 ・離職票 ・解雇通知書、解雇理由証明書 　退職証明書
賃金額	・給与明細書 ・賃金台帳

③ 地位確認─解雇一般

立証したい事実	証拠書類
雇用契約の内容	・雇用契約書 ・労働条件通知書 ・就業規程（賃金規程） ・労働協約
使用者による雇用契約終了の主張	・解雇通知書 ・解雇理由証明書 ・退職証明書

④ 地位確認─雇止め

立証したい事実	証拠書類
雇用契約の内容	③を参照
使用者による雇用契約終了の主張	③を参照
更新に対する合理的期待 ・更新回数 ・従事した業務内容 ・使用者の説明	・募集要項 ・最初の契約時及び更新時に交わされた書類 ・陳述書

⑤ 地位確認─休職期間満了（解雇、退職）

立証したい事実	証拠書類
雇用契約の内容	③を参照
休職の事実	・休職命令書
休職事由の不存在 又は 治癒又は寛解（かんかい）	・（休職時又は休職期間満了時の）診断書
復職可能	・会社の規模、業種、労働者の配置・異動の実情に関する資料

⑥ 労災事案

立証したい事実	証拠書類
雇用契約の内容	①を参照
事故の発生状況等に関する証拠	・事故現場等の写真 ・業務内容や作業手順に関する証拠 ・診断書、カルテ ・労働者死傷病報告書等 （過重労働の場合） ・時間外労働時間に関する証拠（①を参照）

3 証拠収集の方法

（1）使用者に交付してもらう（訴訟提起前）

　証拠書類の収集の方法として一番簡単なのは、使用者に依頼して交付してもらう方法です。

　法律上、使用者が交付義務等を負っている書類は限られていますが（就業規則の周知義務（労基106条1項）、退職証明書と解雇理由証明書の交付義務（労基22条））、その他の書類であっても任意に交付してくれることも少なくありません。

　また、使用者は、労働者からタイムカード等の開示を求められた場合には、開示義務を負うとする判例（大阪地判平成22年7月15日労判1014号35頁）がありますので、この判例を根拠に交渉する方法もあります。

（2）保有個人情報開示請求制度

　保有個人情報開示請求制度とは、行政機関が保有する個人の情報を本人に対して開示する制度です。この制度によって開示請求ができるのは本人（又はその代理人）だけです。

【保有個人情報開示請求制度の利用場面】

事案	対象書類
労災に関して労働基準監督署の行った調査に関する資料を入手したい場合	「実地調査復命書及び添付資料一切」
労働基準監督署の労働条件に関する窓口で相談した記録を入手したい場合	「相談票及び添付資料一切」
労災の発生に関して使用者が労働基準監督署に対して行った報告書を入手したい場合	「労働者死傷病報告」
労災に関する診療費に関する資料を入手したい場合	「診療費請求内訳書」

（3）証拠保全（訴訟提起前及び訴訟提起後）

　使用者の対応から証拠隠滅のおそれが高い場合や時間の経過とともに証拠が消失してしまうおそれがある場合には証拠保全（民訴法234条）によって証拠を収集することを検討します。

　もっとも、改ざんや故意による廃棄のおそれについては、具体的な事情に基づき客観的に疎明しなければなりません。労働契約に関する書類に関して、そのような事情が認められることは稀だと思います（例えば、使用者の社会的信用が低く、文書の保管がずさんで、従前の交渉経緯からすると改ざんや故意に破棄する可能性が具体的に認められること等を疎明する必要があります）。

　証拠書類の証拠保全は、裁判所が行う検証手続（＝裁判官が対象物から直接心証を得る証拠調べ）です。検証場所（書類の保管場所）と検証物（書類）を明らかにし、証明すべき事実と証拠保全の事由（「あらかじめ証拠調べをしておかなければその証拠を使用することが困難となる事情」）を記載した書面で申立てを行います（民訴規153条）。

　裁判所に対する申立ての後、裁判官面談（「証拠保全の事由」が認められない場合は取下げ・却下となり、「証拠保全の事由」が認められる場合は、証拠保全実施日の打ち合わせ等を行います）→証拠保全決定→証拠保全の実施という流れで手続は進んでいきます。

　証拠保全当日は、まず、開始の1～2時間前に執行官が使用者に保全決定書等を送達します。直前に送達するのは証拠隠滅を防ぐためです。その後、裁判官、書記官とともに申立人代理人が事業所に行って、検証対象物の提示を求め、提示された書類のコピー又は写真をとって証拠が保全されます。

（4）弁護士会照会制度

　弁護士会照会制度は、弁護士が依頼を受けた事件について、証拠や資料を収集し、事実を調査するなど、その職務活動を円滑に行うために設けられた法律上の制度です（弁護士法23条の2）。弁護士会がその必要性と相当性について審査を行ったうえで照会を行う仕組みになっていま

すので、弁護士は所属する弁護士会に申出を行います。

　弁護士会照会は、強制力が乏しく回答を拒否されることが少なくないというデメリットがある一方で、第三者へ照会する場合は、照会を行ったことや回答の内容を訴訟の相手方に知られることなく、情報を取得できるというメリットがあります。

（5）訴訟提起後の証拠収集

　訴訟提起後に使用者が所持する証拠を収集したい場合は、使用者に対して任意提出を求めてください。

　具体的には、主張書面にその旨を記載したり、期日において口頭で求めたりします。裁判官は当該書類が必要であると考えた場合は、相手方に対して任意に提出するように促してくれます。

　使用者が提出を頑なに拒否する場合は、文書提出命令の申立てを検討してください。文書提出命令に使用者が従わないときは、文書の記載に関する労働者の主張について真実擬制がなされる可能性があります（民訴法224条、真実擬制）。

　第三者が所持する文書を収集したい場合は、文書送付嘱託の申立て（民訴法226条）をします。文書送付嘱託の申立てをする場合は、嘱託先と事前に接触し、対象文書を特定してください。第三者が文書送付嘱託に応じない場合には、第三者に対する文書提出命令の申立てを検討してください。

7

使用者側は、開示義務に気をつける

1 労働者から開示や交付を求められた場合の使用者の対応

労働者から労働契約に関する書類の開示や交付を求められた場合の対応を誤ると、そのこと自体が違法行為と評価されてしまう場合がありますので注意が必要です。

（1）開示すべき書類

使用者が労働者に法律上書類の開示義務や交付義務を負っている場合には、使用者は書類の開示や交付を拒否することはできません。

使用者が法律上開示義務あるいは交付義務を負う書類は以下のとおりです。

【法律上開示義務又は交付義務を負う書類】

書類	罰則の有無
就業規則	罰則あり
労働条件通知書	罰則あり
退職時証明書、解雇理由証明書	罰則あり
給与明細書	罰則あり

また、使用者は、労働者名簿、賃金台帳及び雇入れ、解雇、災害補償、賃金その他労働関係に関する重要な書類を5年間（ただし、経過措置により当分の間は3年間）保存しなければなりません（労基法109条）。労働者からこれらの書類の開示・交付を求められた場合には、任意に開示・交付することを検討したほうがよいでしょう。

訴訟においてこれらの書類の提出を拒み続けることは難しい場合が多いと思いますし（通常は裁判官から任意提出を促され、従わなければ裁判官の心証を害するおそれがあります。頑なに拒んだ場合、文書提出命令を出される可能性もあります）、タイムカード等については、不当に提出を拒んだ場合には不法行為に該当するとした判例（大阪地判平22年7月15日労判1014号35頁）があるからです。

　なお、使用者が保存義務を負う労働関係の書類は以下のとおりです。

【法律上保存義務を負う労働関係の書類】

① 労働者名簿
② 賃金台帳
③ 雇入れに関する書類
　　例：雇入決定関係書類、契約書、労働条件通知書、履歴書、身
　　　　元引受書等労働者名簿
④ 解雇に関する書類
　　例：解雇決定関係書類、解雇予告除外認定関係書類、予告手当
　　　　又は退職手当の領収書等
⑤ 災害補償に関する書類
　　例：診断書、補償の支払、領収関係書類等
⑥ 賃金に関する書類
　　例：賃金決定関係書類、昇給・減給関係書類等
⑦ その他労働関係に関する重要な書類
　　例：出勤簿、タイムカード等の記録、労使協定の協定書、各種
　　　　許認可書、始業・終業時刻など労働時間の記録に関する書
　　　　類（使用者自ら始業・終業時間を記録したもの、残業命令
　　　　書及びその報告書並びに労働者が自ら労働時間を記録し
　　　　た報告書）、退職関係書類、休職・出向関係書類、事業内
　　　　貯蓄金関係書類等

（2）開示するかどうかについて慎重に判断すべき書類

　第三者の個人情報が記載された書類を任意に開示すると違法（個人情報保護法18条、27条違反）になる可能性がありますので、開示の可否は慎重に検討してください。実務でよく問題となるのは、内部通報に関する調査結果やヒアリング録取書の開示の可否です。

　第三者の個人情報を開示する場合、原則として、当該個人情報の本人の同意を得る必要があります。例外的に、本人の同意なく開示が認められる場合として、法令に基づく場合（個人情報保護法27条1項1号）があり、文書提出命令や文書送付嘱託に応じる場合はこれに該当します。そうでない場合には、「財産の保護のために必要がある場合であって、本人の同意を得ることが困難であるとき」（同条1項2号）に該当する場合等の要件を充足する必要があります。

2　使用者における証拠の収集

　使用者が、労働者や第三者から証拠を収集しなければならない場面は限られます。使用者は労働契約に関する書類を保有しているからです。

　もっとも、以下のような場合には、使用者において証拠収集を検討しなければなりません。

（1）労働者の疾病を理由とする解雇事案（自然退職の事案）

　労働者の疾病を理由とする解雇事案（自然退職の事案）の場合、休職期間満了時に疾病が治癒していたかどうかが争点になり、労働者から主治医の作成した「復職可」の診断書が提出されますので、使用者はその信用性を弾劾しなければなりません。

　主治医の診断書の弾劾のための方策として、主治医との面談、主治医に対して診療情報提供の依頼を行う等の方法が考えられます。もっとも、これらの方法は、要配慮個人情報の取得に該当しますので、必ず、労働者本人から同意を得る必要があります（個人情報保護法20条2項）。

（2）労災民事損害賠償請求事案

　労災補償給付について不支給決定がなされたにもかかわらず、民事損害賠償請求をされる場合があります。

　この場合、使用者としては、業務起因性の不存在の証拠として、労働基準監督署の作成した資料一式（実地調査復命書及び添付資料一切）の入手を試みます。

　しかし、労働基準監督署はこれらの資料を使用者に対しては開示してくれませんので、まずは労働者に開示を求めます。開示を拒否された場合には、訴訟手続において文書送付嘱託の申立てあるいは文書提出命令（最判平成17年10月14日民集59巻8号2265頁）を検討することになります。

（3）犯罪行為を理由とする懲戒処分事案

　従業員が行った犯罪行為を理由とする懲戒処分事案の場合、刑事事件記録を入手する必要があります。

　会社が従業員による犯罪の被害者の場合には、刑事事件の裁判中は裁判所に対して、刑事事件確定後は検察庁に対して、被害者として刑事事件の閲覧・謄写請求をすることができます。

　これに対して、会社が犯罪被害者ではない場合には、刑事事件裁判中は刑事事件の閲覧・謄写請求をすることができませんが、刑事事件確定後であれば、閲覧請求が認められる場合があります。

8

できれば示談で解決する

1 示談交渉のメリット

示談交渉は、訴訟手続等の法的手続に比べて、早期解決が可能である点、金銭的・肉体的・精神的負担が少ない点、遺恨を残さない点で、労働者、使用者双方の利益に資する優れた解決方法です。

2 労働者側弁護士の基本的スタンス

当たり前ですが、勝訴の見込みが高くなければ、訴訟や労働審判に持ち込むことは得策ではありません。

また、勝訴の見込みが高い場合であっても、訴訟や労働審判に持ち込むのが得策だとは限りません。弁護士費用・手続費用の負担に加えて、手続遂行それ自体が労働者にとってかなりの精神的な負担になるからです。依頼者に対しては、判決の見込み（判決の予想の仕方は、22頁参照）を伝えるとともに、訴訟や労働審判になった場合の負担をすべて説明したうえで、方針について慎重に相談してください。

企業と示談交渉をする際は、請求の根拠を丁寧に説明してください。企業は根拠のない請求に応じることはできませんが、逆に、根拠があれば相応の譲歩をする場合も少なくありません。敗訴の可能性が高いと判断すれば、示談による解決に応ずる場合が多いと思います。

示談交渉で請求する金額は、原則として予想される判決の金額です。最初からそれより減ずる必要はありません。

他方で、はじめは予想される判決よりも少し高い金額を請求し交渉の過程で減じていくというのは弁護士の常套作戦ですが、法外な請求は不信感を与えてしまい、かえってその後の交渉を阻害することが多いよう

に思いますので注意してください。

3 使用者側弁護士の基本的スタンス

　従業員から請求があった場合、請求内容に法的な理由があるかどうかを検討します。検討内容は、判決を予想する場合と同じです(22頁参照)。

　その際、「証拠を開示しなければ訴訟になっても負けないだろう」などと安易に考えてはいけません。賃金台帳や労働時間に関する客観的証拠は、いずれ提出しなければならなくなるからです（36頁参照）。また、判決を予想する場合は、遅延損害金（退職後の請求の場合は14.6%）や付加金も考慮してください（47頁参照）。

　法外な金額を受け入れることはできませんが、「予想される判決＋予想される費用」の範囲内の請求であれば、受諾して示談したほうが経済的には合理的です。他方で、経済的な合理性があっても、他の職員に対する影響等から受け入れることができない場合もあります。

　また、訴訟の場合、公開法廷で審理されますので、レピュテーションリスクの心配もあります。敗訴した場合は、そのリスクはより大きなものになります。

　したがって、従業員の請求に理由がある場合は、早期示談を目指すのが原則です。

9

裁判官を説得するために、その思考回路を知る

1 訴訟における説得相手は裁判官

　訴訟で権利の存否を判断するのは裁判官です。そのため、訴訟のすべての場面で、「裁判官の目にどのように映るか」「裁判官の理解が得られているか」を意識しなければなりません。説得相手は訴訟の相手方ではなく裁判官なのです。

　裁判官を説得するためには裁判官の思考回路を知る必要があります。

2 裁判官の思考回路その1（訴訟物と要件事実）

　訴訟において裁判官が判断するのは訴訟物（権利）の存否であり、訴訟物の存否を基礎づけるのは要件事実です。

　裁判官は、訴訟物と要件事実を重視するため、それらと無関係な主張に興味を示さないことがあります。争点整理（要件事実との関連で争点を特定する作業）と集中証拠調べ（争点たる事実の存否に限定して尋問を行う）を中心とした現在の民事訴訟において、その傾向はより強まっています。弁論準備手続期日において、訴訟物や要件事実と関係のない発言をすると、「本訴に何の関係があるのですか？　要件事実との関係を説明してください」などと釈明を求められることがあります。

　また、要件事実に関連して、裁判官と弁護士の思考の違いが如実に現れるのが、反対尋問における当事者の悪性立証の捉え方です。弁護士の中には、当事者の悪性立証を重視し、悪性立証が反証に効果的であると誤解している人が少なくありません。しかし、裁判官が悪性立証によって心証を動かされることはめったにありません。「この証人は悪い人だから、証言全般が嘘であるに違いない」という心証にはならないのです。

3 裁判官の思考回路その2 (争点整理の重要性)

　訴訟物の存否に争いがある事案では、争点整理が行われます。

　一旦争点が整理されてしまうと、争点から外れる主張は相手にすらしてもらえない場合があります。したがって、裁判官に自己の主張を争点として認識してもらわなければなりません。

　裁判官に、自己の主張を争点として認識してもらうための方法としては、準備書面に「争点」という見出しをつけて記載する方法、弁論準備手続期日において「現時点の争点は○○と考えています」と述べる方法、あるいは、争点整理が完了した段階で、「整理された争点は○○だと考えています。これについて調書に記載してください」などと述べる方法があります。

4 裁判官の思考回路その3 (心証形成の方法)

　要件事実は、生の事実（具体的事実）と規範的要件（具体的事実の総合評価により判断される要件事実）に分けることができます。

　生の事実（具体的事実）の存否が争点の場合、裁判官は、「生の事実を認定し得る証拠の有無」（証拠による事実認定）によって心証を形成します。

　これに対して、規範的要件の認定が争点の場合、具体的事実の総合評価により心証を形成します。この総合評価をする際、裁判官は、動かしがたい事実（＝当事者間に争いがない事実と客観的証拠がある事実）を整理した時系列を作成します。動かしがたい事実の時系列から、事案全体のスジ（＝「動かし難い事実」を並べた事実経緯から推認される事件の大きな方向性）とスワリ（＝事件の結論がどのようになるのが正義公平にかなうか）を検討し、スジとスワリに適合するような総合評価を行うことが多いと思います。

第2章

労働訴訟で裁判官の心証を動かす

10

請求の趣旨・請求の原因を正しく記載する

1 請求の趣旨と請求の原因

　訴状には、請求の趣旨と請求の原因を記載しなければなりません。

　まず、請求の趣旨では、原告が裁判所に対していかなる判決主文を求めるかを記載します。請求の趣旨に遺脱があると依頼者に不利益が生じかねないですし、場合によっては弁護過誤になってしまいます。

　次に、請求の原因では、原告の「請求を理由づける事実」と「よって書き」を記載します。この点、民訴規53条1項では、請求の原因は「請求を特定するのに必要な事実」とされ「請求を理由づける事実」とは別のものとして定義されていますが、実務では、「請求の原因」は「請求を特定するのに必要な事実」に「請求を理由づける事実」（民訴規53条1項）を加えたものと理解されています。

2 請求の趣旨を間違えないための方法

　請求の趣旨の記載方法には決まり（実務の作法）がありますので、司法研修所の手引き（「民事弁護の手引」、「民事判決起案の手引」）、『類型別』及び類似する事案の過去の裁判例（「主文」と「当事者の請求」の箇所）を参考に、実務の決まりに従って記載してください。

　実務の決まりと異なる方式で記載すると、裁判所から補正を命じられることになりますのでくれぐれも注意してください。実務で命じられる補正の例は、東京地裁が作成した「補正依頼書（割増賃金・訴訟）（解雇無効地位確認・訴訟）」がとても参考になります（『類型別』に掲載されています）。また、稀に、文献や裁判例が間違っている場合もありますので、複数の文献と同種事案の裁判例を確認して慎重に記載すること

をお勧めします。

　以下、労働関係訴訟特有の請求の趣旨について代表的なものを解説します。

（1）未払賃金請求

① 　退職後に未払賃金を請求する事案

（請求の趣旨）

> 　1 　被告は、原告に対し、A円及びうちB円に対する令和○年○
> 　　月○日から支払済みまで年14.6％の割合による金員を支払え。
> 　2 　被告は、原告に対し、B円及びこれに対する本判決確定の日
> 　　の翌日から支払済みまで本判決確定の日の翌日時点の法定利率
> 　　による金員を支払え。

（解説）

　1項は、未払賃金と遅延損害金を請求する場合の記載例です。「B円」に未払賃金の元金の合計額を、「A円」に「B円＋退職日までの確定遅延損害金」を記載します。遅延損害金の利率は、従業員が既に退職している場合は14.6％（賃金の支払の確保等に関する法律6条）です。遅延損害金の起算点は退職日の翌日です。

　2項は付加金の請求です。付加金は、未払賃金とは別に、同額を労働者が請求できるもので、使用者の労基法違反に対する一種の制裁金です。付加金の対象事案（割増賃金等の未払）は、労基法114条に列挙されていますので確認してください。

　なお、事実審の口頭弁論終結までに使用者が違反を是正（＝未払金を精算）すれば、裁判所は付加金の支払いを命ずることはできなくなりますので（最判平26年3月6日判タ1400号97頁）、一審で敗訴した使用者は二審の口頭弁論終結前に未払金の支払を検討すべきです。また、労働審判では付加金の請求は認められません。

② 在職中に未払賃金を請求する事案

（請求の趣旨）

> 被告は、原告に対し、A円及びうちB円に対する令和○年○月
> ○日から、うちC円に対する令和○年○月○日から各支払済みま
> で年△％の割合による金員を支払え。

（解説）

　在職中に未払賃金とその遅延損害金を請求する場合、「A円」に未払金の元金（B、C）の合計額を、○に賃金支払日、B、Cに各賃金支払期日における未払額を記載します。△は民事法定利率です。なお、付加金を請求する場合の請求の趣旨は、①の2項を参照してください。

（2）解雇、雇止めを争う事案

（請求の趣旨）

> 1　原告が、被告に対し、労働契約上の権利を有する地位にある
> 　ことを確認する。
> 2　被告は、原告に対し、A円及びこれに対する令和○年○月○
> 　日から支払済みまで年△％の割合による金員を支払え。
> 3　被告は、原告に対し、令和○年○月から本判決確定の日まで、
> 　毎月○日限り、B円及びこれに対する支払期日の翌日から支払
> 　済みまで年△％の割合による金員を支払え。

（解説）

　1項は、解雇や雇止めの無効を理由に労働契約上の地位の確認を求める場合の請求の趣旨の記載例です。確認の訴えの場合、現在の法律関係の確認を求めなければなりませんので（過去の法律行為の有効性の確認が紛争解決に直接つながらない場合は訴えの利益を欠き無効という理屈です）、過去の解雇の無効の確認ではなく、現在地位を有することの確

認を求めることになります。

　2項は既発生の未払賃金（ただし、未払賃金の発生日が複数の場合の記載例は(1)②の記載を参照）、3項は毎月の未払賃金請求です。ただし、判決確定後の賃金の請求は将来請求に該当するため原則として認められません（民訴法135条）。したがって、終期は判決確定の日までです。

（3）労災保険請求の不支給処分の取消しを求める事案

（請求の趣旨）

> 　○○労働基準監督署長が原告に対して平成○年○月○日付けでした労働者災害補償保険法に基づく遺族補償給付及び葬祭料を支給しない旨の処分をいずれも取り消す。

（解説）

　労働基準監督署に労災保険請求を行ったが不支給処分となった場合には、まず審査請求を行わなければなりません（審査前置主義）。審査請求が棄却された場合には取消訴訟を提起することが認められます（その前に、再審査請求をすることも可能です）。

3　請求の原因を間違えないための方法

　「請求を理由づける事実」は、要件事実とほぼ同義です。要件事実と「よって書き」の漏れをなくすには、『類型別』及び類似する事案の過去の裁判例（「争いのない事実」と「争点」の箇所）を参考にしてください。

　要件事実の記載方法はある程度定型化されていますので、迷うことはそれほどありません。また、請求の趣旨と異なり、要件事実の記載は要素がもれなく記載されていれば足ります。

　もっとも、労働事件に多い規範的要件については、その評価根拠事実を上手に記載しなければなりません（58頁参照）。

11

訴状で裁判官の心証を
ぐっと引き寄せる

1 訴状の重要性

　訴状は裁判官が最初に目にする書面であり、裁判官の心証に与える影響が大きい書面です。

　また、裁判官は訴状審査（民訴法137条1項）をする際に、注意深く訴状の内容を検討しますので、原告にとっては、裁判官の心証をぐっと引き寄せる大きなチャンスでもあります。

　訴状はとても重要な書面なのです。

2 被告から実質的な反論がなされない見込みの場合

　訴状は重要な書面ですが、事案によっては、要件事実だけの簡潔な記載に止める場合もあります。例えば、事前交渉の際に被告が請求を認めている場合は、訴訟になっても被告から実質的な反論がなされない可能性が高いので、訴状であえて詳細な事実関係を記載する必要はありません。このような場合、訴状には要件事実と「よって書き」のみを記載すれば足りますし、争点や背景事情等の記載も不要です。

　もっとも、労働事件の場合、被告から実質的な反論がなされない見込みの事案は少ないと思います。

3 被告から反論がなされる可能性がある場合（反論の有無が分からない場合も含む）

　被告から反論がなされる可能性がある場合には、重要な間接事実の記載の要否を検討する必要があります。

この点、生の事実（具体的事実）の存否が争点となる事案において、要件事実を証明することができる客観的な証拠（雇用契約書、就業規則、タイムカード等）がある場合は、間接事実を記載する必要はありません。

　これに対して、要件事実を証明することができる客観的証拠がない場合は、要件事実を推認させる間接事実を記載しなければなりません。これが記載されていないと、裁判官に「スジの悪い事件だな」との印象を持たれてしまいます。

　もっとも、訴状の段階では、詳細な間接事実を記載する必要はありません。重要なものを記載すれば足ります。重要な間接事実とは要件事実を強く推認させる間接事実のことです。

4　紛争の実体を記載する

　法律に定めはありませんが、実務では、訴状に紛争の実体を記載することがあります。

　訴状の段階から、裁判官の事件マネジメント（スジやスワリの判断によって事件を類型化すること）や心証形成が始まる（門口正人他『訴訟の技能』（商事法務、2015年）229頁）ため、訴状に紛争の実体を記載することで、裁判官の心証を引き寄せることができるのです。

　紛争の実体を記載する場合、「請求の原因」とは別に「訴訟に至る経緯」や「紛争の実体」と題して、背景事情や相手方の事前交渉における主張の不当性を記載する例が多いです。

5　事件類型毎の訴状のポイント

（1）解雇無効を理由とする地位確認訴訟

　解雇無効を理由とする地位確認訴訟において、原告は、解雇権濫用の評価根拠事実を主張しなければなりませんが、使用者から解雇理由を明示されていない場合は、当該事実を主張することはできません。その場合、訴状では、解雇理由が明示されていないという事実を記載すれば足

ります。

これに対して、使用者の主張する解雇理由が明らかな場合は、訴状において それに対する反論まで記載したほうがよいでしょう。そうすることで裁判官の心証を引き寄せることができるからです。

なお、請求原因に漏れがないかをチェックする際は、東京地裁が作成した「補正依頼書（解雇無効地位確認・訴訟）」（『類型別』に掲載されています）を参照してください。

（2）雇止め無効を理由とする地位確認訴訟

雇止め事案においては、請求原因として、「有期労働契約が更新されるものと期待することについて合理的な理由がある」（労契法19条2号）こと、及び、雇止めが「客観的に合理的な理由を欠き、社会通念上相当であると認められないとき」（労契法19条柱書）に該当することを主張する必要があります。

「有期労働契約が更新されるものと期待することについて合理的な理由がある」（労契法19条2号）ことについては、訴状において、業務の臨時性・常用性、更新の回数・雇用の通算期間、契約期間管理の状況、雇用継続の期待を持たせる使用者の言動等について、労働者の認識する事実関係を具体的に主張したほうがよいでしょう。

雇止めが「客観的に合理的な理由を欠き、社会通念上相当であると認められないとき」（労契法19条柱書）に該当することについては、使用者から雇止めの理由が明示されていない場合はその旨を記載することで足りますが、雇止めの理由が明示されている場合はそれに対する反論まで記載したほうがよいでしょう。

（3）パワハラや過労死等を理由とする損害賠償請求訴訟

パワハラや過労死等を理由とする損害賠償請求訴訟では、訴状において、要件事実（違法行為、安全配慮義務違反、相当因果関係及び損害）について、事実関係を踏まえた具体的な主張（例えば、違法行為の主体、日時、場所、行為態様、損害の項目と金額等）を行ってください。抽象

的な主張では、請求原因の特定に欠けると判断されて、補正を命じられることがあります。

　もっとも、訴状の段階で詳細な事実関係を記載する必要はありませんし、冗長な主張では裁判官の心証を引き寄せることはできません。違法行為や安全配慮義務等の要件事実を基礎づける事実関係のうち、重要なものに絞ってコンパクトに記載してください。

（4）未払賃金請求訴訟

　未払賃金額を証拠等に基づききちんと計算してください。また、未払い賃金額の算定過程（労働契約の内容、未払の労働時間、割増賃金の算定基礎額等）も示す必要があります。

　未払賃金請求訴訟は、漏れのない請求原因を記載することが非常に重要ですので、東京地裁が作成した「補正依頼書（割増賃金・訴訟)」（『類型別』に掲載されています）を参照するなどして慎重に確認してください。

6　訴状の作成において参考になる書式等

　『類型別』に載っている訴状の書式は、裁判官が考えたものですので参考になります。また、形式的な間違いをなくすという意味では、「補正依頼書（割増賃金・訴訟）（解雇無効地位確認・訴訟）」（『類型別Ⅱ』411頁に掲載されています）がとても参考になります。

12

証拠の後出しはしない

1 証拠の後出し作戦は間違い

　昔は、「相手方にまず嘘をつかせ、その後で証拠を提出したほうが効果的」「証拠は証人尋問で弾劾証拠として提出するほうが裁判官の心証に響く」という考えのもと、訴訟の早期の時点では証拠を提出しないという作戦をとる弁護士がたくさんいました。

　しかし、裁判官の心証は、すべての主張・証拠が終わった時点で急に形成されるものではなく、訴状と答弁書を読んだときから始まり、争点整理手続を通じて徐々に固まっていきます。多くの事件において、争点整理終了時には7割程度心証ができあがっているといわれています。一旦裁判官の心証ができてしまうと、それを覆すのは並大抵のことではありません。

　そのため、できるだけ早期に証拠を提出して裁判官の心証を引き寄せる作戦を取るべきです。昔流行った証拠の後出し作戦は現在の民事訴訟では通用しません。

2 適切な証拠の提出時期

　民訴法156条は「攻撃防御方法は、訴訟の進行状況に応じ適切な時期に提出しなければならない」としています。ここでいう、訴訟の進行状況に応じた適切な証拠の提出時期とは、「相手方が自己の主張する事実を否認したため、当該事実に焦点をあてて主張するとき」と理解するのがよいと思います。

　自己に有利な事実は、その事実を裏付ける証拠と一緒に提出してはじめて裁判官の心証を動かすことができるのです。裁判官は、期日間にま

ず準備書面を読みますが、「こんな事実があったのか」と気になった事実が主張されている場合、その証拠を確認します。もしも証拠が提出されていないと、せっかくよい主張をしても、その時点で裁判官の心証を動かすことができないのです。

とくに、規範的要件が争点となる複雑な事案（解雇、雇止め、就業規則の不利益変更等）の場合、裁判官は、動かしがたい事実の時系列表を作成することが多いのですが（43頁参照）、事実を主張した時点で証拠が提出されていないと、その時点での時系列表に主張事実が反映されません。

証拠を後出ししても時機に後れたもの（民訴法157条）でない限り法的な問題はないですが、主張と同時に提出したほうが裁判官の心証形成により大きな影響を与えることができます。そのため、できるだけ当該主張をした時点でその証拠を提出することが望ましいです。

13

準備書面では、ベストで明確な主張を選択する

1 裁判官目線を意識する

　準備書面は、訴状や答弁書と異なり、訴訟の進行に応じて複数回提出する書面であり、その意味で主張の中核をなす重要なものです。

　準備書面の目的は、裁判官に自己の主張を認めてもらうということに尽きます。そのため、準備書面を作成する際には、裁判官がどのような書面を好むか（裁判官目線）を意識する必要があります。

　この点、著名な裁判官はその著書（門口正人『民事裁判の要領』（青林書院、2016年）84頁）の中で次のように述べていらっしゃいます。

　「裁判所が最も重視するのは、主張の明確性、合理性そして一貫性であり、最も嫌うのは、曖昧な主張であり、正義に悖る主張であり、右往左往する主張です」「ここでは、言い分をすべて書き尽くしたいとの欲求にいかに打ち勝つかが試されている」「裁判所においては、瑣末な点まで逐一な主張の応酬を求めていません」

　これは裁判官目線を意識して準備書面を作成するためのエッセンスであり、準備書面を作成する際に常に念頭に置いておくことをお勧めします。

2 明確な主張の基本形は法的三段論法

　明確な主張をするための基本形は法的三段論法です。

　「法的三段論法」とは、「大前提（＝法律、就業規則等の規範）」に「小前提（＝事実認定）」を当てはめて結論を導くというものです。

（法的三段論法の例）

> （大前提）法律
>   解雇は、客観的に合理的な理由を欠き、社会通念上相当である
> と認められない場合は、その権利を濫用したものとして、無効と
> する（労契法16条）と定められている。
>
> （小前提）要件事実に該当する具体的事実
>   本件では、被告が解雇事由として主張する事実を総合しても、
> 「客観的に合理的な理由を欠き、社会通念上相当であると認めら
> れない」
>
> （結論）
>   よって、本件解雇は、労契法16条により無効である。

　大前提たる法規（規範）については、その解釈を根拠と共に主張します。

　小前提は事実の主張です。事実について争いがある場合には、証拠による裏付けがあることを合わせて主張してください。

3　ベストな主張を厳選する

　なかなか難しいことですが、「ベストな主張を厳選することが重要」というのは、裁判官が皆、口をそろえて言うことです。

　弁護士業務では、たくさんの主張（論理的に可能性のある主張）に言及することが弁護士の力量の一つとして評価されることがありますが、訴訟の場合はそうではありません。たくさん主張すると、かえって重要な主張がぼやけてしまうからです。

　事件のスジとスワリを考慮し、裁判官を説得する一つの太い主張を見つけ出すことが、訴訟弁護士の能力なのです。

14

規範的要件は、
評価根拠事実等を念入りに主張する

1 規範的要件とは

　労働訴訟では、規範的要件の存否が争点になることが少なくありません。

　規範的要件は要件事実の一つですが、証拠により認定される生の事実（具体的事実）ではなく、具体的事実の総合評価によりその有無が判断される要件事実のことです。

　規範的要件をプラスの方向に基礎づける具体的事実のことを「評価根拠事実」、規範的要件を否定する具体的事実のことを「評価障害事実」といいます。

　規範的要件の認定が争点となる事件では、評価根拠事実又は評価障害事実（以下「評価根拠事実等」という）の主張如何で勝敗が決まることが多いので、評価障害事実等の念入りな検討が必要です。

2 評価根拠事実等をどのように見つけ出すか

　規範的要件を判断するにあたって考慮すべき事情が条文に明記されている場合には、これに該当する評価根拠事実等を具体的に主張しなければなりません。

　例えば、労契法10条本文は、就業規則の不利益な「変更が〔中略〕合理的なもの」（規範的要件）であるか否かを判断する際に考慮すべき事情として、「労働者の受ける不利益の程度、労働条件の変更の必要性、変更後の就業規則の内容の相当性、労働組合等との交渉の状況」等の事情を具体的に列挙しています。したがって、例えば、労働条件の不利益変更に合理性がないと主張する労働者の側では、当該変更によって受け

る不利益の程度等を具体的に主張すること必要です。

　次に、同種事件の判例を参考にする方法があります。労働訴訟の場合は、同種事件の判例がたくさん存在します。できるだけたくさんの判例を検討して、裁判所がどのような評価根拠事実等を判断の基礎としているかを分析してください。先例を検討する際には、摘示してある評価根拠事実等の中で、裁判所がどの事実を重視しているか（＝事実の優劣）を分析してください（通常は重要性の高い順に摘示します）。そうすることで、準備書面においても、事実に優劣をつけて主張することができます。

　さらに、通達等も調査してください。通達等の中には、規範的要件の評価根拠事実等に該当する事実が例示されていることがあるからです。

3 労働法分野に特有の経験則が適用される

　規範的要件は生の事実（評価根拠事実等）の総合評価ですが、この総合評価は、経験則に基づいて行われます。

　この経験則は、労働法分野に特有のものがあり、理解（体得）するのはなかなか困難です。労働者保護（労契法1条参照）という基本的な理念に関してすら、人によってとらえ方が全く異なるからです。

　もっとも、数多くの労働訴訟に関与することで、労働法分野に特有の経験則を自然と理解することができますし、その機会がなくても、たくさんの先例を検討することで同様の理解を得ることができます。

　労働訴訟の主張書面においては、規範的要件を認定する際に用いる経験則についても主張する必要があります。裁判官は、証拠等から生の事実を認定する技術には長けておりその判断も安定していますが、生の事実を総合評価して判断する規範的要件の認定に関してはブレが生じがちだからです。とくに、一般民事訴訟等の経験しかない裁判官が労働訴訟を担当することが多いという裁判所の実情からすると、労働法特有の経験則を弁護士が主張することで、裁判官の心証を引き寄せることが可能になると思います。

経験則を主張する場合には、同種事件の先例を分析し、その傾向を主張してください。そうすることで、裁判官が安心してその経験則を用いることができるからです。

4　事件類型毎の評価根拠事実等のポイント

上記のとおり、規範的要件については、法令、通達及び裁判官の判断傾向を踏まえ、重要な評価根拠事実等を漏れなく主張する必要があります。以下、事件類型毎に重要なポイントを解説します。

（1）懲戒解雇の無効を理由とする地位確認訴訟

懲戒解雇された従業員が使用者に対して、懲戒解雇の無効を主張して地位の確認等を求める事件類型です。

懲戒処分に関しては、「客観的に合理的な理由を欠き、社会通念上相当であると認められない」（労契法15条）という規範的要件の存否が争点となりますから、原告（労働者）がその評価根拠事実（権利濫用の抗弁）、被告（使用者）がその評価障害事実を具体的に主張しなければなりません。実務では、使用者において、懲戒解雇という最も重い処分を選択した理由を十分に主張立証しなければ負けてしまいますので、実質的な主張立証責任は使用者にあると考えたほうがよいでしょう。

評価根拠事実等は、労契法15条の「当該懲戒に係る労働者の行為の性質及び態様その他の事情」ですが、具体的には懲戒解雇事由毎に異なりますので、懲戒解雇事由毎にどのような事情が重視されているのか、同種事件の判例を調査する必要があります。以下典型的な懲戒事由について大まかな判例の傾向を少し紹介します（詳細は、拙著『人事労務の法律問題　対応の指針と手順〈第2版〉』（商事法務、2021年）193頁以下を参照してください）。

①　経歴詐称

経歴詐称を理由とする懲戒解雇が肯定される事案は、経歴詐称が重要な経歴についてのものであること、すなわち、その経歴詐称を知ってい

た場合には通常採用しなかったであろうという事情が認められるかどう
かによって判断される傾向があります。

② 業務命令違反

業務命令違反を理由とする懲戒解雇は、業務命令の重要性に加えて、
業務命令違反が複数回繰り返され、その違反によって企業に具体的な損
害が発生し、改善の見込みがないという事情が認められるかどうかに
よって判断される傾向があります。

③ 私生活上の非行

私生活上の非行については、「当該行為の性質、情状のほか、会社の
事業の種類・態様・規模、会社の経済界に占める地位、経営方針及びそ
の従業員の会社における地位・職種等諸般の事情から総合的に判断し
て、右行為により会社の社会的評価に及ぼす悪影響が相当重大であると
客観的に評価される場合でなければならない」（最判昭49年3月15日民
集28巻2号265頁）とされていますので、かかる事情が認められるかど
うかによって判断される傾向があります。

（2）普通解雇の無効を理由とする地位確認訴訟

普通解雇された従業員が使用者に対して、普通解雇の無効を主張して
地位の確認等を求める事件類型です。

普通解雇に関しては、「客観的に合理的な理由を欠き、社会通念上相
当であると認められない」（労契法16条）という規範的要件の存否が争
点となりますから、原告がその評価根拠事実（権利濫用の抗弁）を、被
告がその評価障害事実を具体的に主張しなければなりません。

例えば、勤務成績・態度が不良で、職務を行う適格性を欠いていると
いう類型の場合、①使用者と当該労働者との労働契約上、その労働者に
要求される職務の能力・勤務態度がどの程度のものか、②勤務成績、勤
務態度の不良はどの程度か、③指導による改善の余地があるか、④他の
労働者との取扱いに不均衡はないかなどを主張してください（『類型別
Ⅱ』395頁）。

（3）有期雇用の雇止めの無効を理由とする地位確認訴訟

　「有期労働契約が更新されるものと期待することについて合理的な理由がある」（労契法19条2号）こと、及び、雇止めに「客観的に合理的な理由を欠き、社会通念上相当であると認められないとき」（労契法19条柱書）に該当することの2つの要件を充足する場合、契約の更新が擬制されます（＝雇止めは無効になります。労契法19条柱書）。

　そのため、「契約更新に対する合理的期待」の有無及び雇止めに関する「客観的合理的理由と社会通念上の相当性」の有無という2つの規範的要件の存否が争点となります。

　まず、「契約更新に対する合理的期待」については、「業務の臨時性・常用性、更新の回数・雇用の通算期間、契約期間管理の状況、雇用継続の期待を持たせる使用者の言動」等が評価根拠事実等に該当します。

　次に、「客観的合理的理由と社会通念上の相当性が認められること」の評価根拠事実等は、基本的には解雇事案と同じですが、有期雇用の雇止めの場合は、「当該労働者が有している更新への期待を保護できなくても致し方ない程度の理由が企業にある」か否かといった観点から判断される傾向があり、解雇に比べると有効性が肯定されやすいと言うことができます。

（4）パワハラを理由とする損害賠償請求訴訟

　パワハラを理由とする損害賠償請求訴訟の場合、具体的行為（生の事実）の存否に加えて、当該行為が違法と評価できるか否か（規範的要件）が争点となります。

　パワハラの定義は、労働施策総合推進法30条の2において、「職場において行われる優越的な関係を背景とした言動であって、業務上必要かつ相当な範囲を超えたものによりその雇用する労働者の就業環境が害され」る行為とされており、「業務上必要かつ相当な範囲を超えた」かどうかが、パワハラ（違法）該当性の基準になります。

　そして、「業務上必要かつ相当な範囲を超えた」かどうかに関する評価根拠事実等としては、厚労省の通達「事業主が職場における優越的な

関係を背景とした言動に起因する問題に関して雇用管理上講ずべき措置等についての指針」において、「当該言動の目的、当該言動を受けた労働者の問題行動の有無や内容・程度を含む当該言動が行われた経緯や状況、業種・業態、業務の内容・性質、当該言動の態様・頻度・継続性、労働者の属性や心身の状況、行為者との関係性等」が挙げられていますので、これに該当する具体的事実を主張してください。

（5）過労死やメンタルヘルス疾患を理由とする損害賠償請求訴訟

　過労死やメンタルヘルス疾患を理由とする損害賠償請求訴訟の主たる争点は、業務起因性（負傷、疾病、障害又は死亡が業務に起因するか否か）です。この業務起因性は規範的要件であり、労働時間や業務上のストレス等の出来事を総合的に評価してその有無が判断されます。

　裁判官は、業務起因性の有無を判断する際、行政庁の策定した認定基準（令和2年5月29日付け基発0529第1号「心理的負荷による精神障害の認定基準」、令和2年8月21日付け基発0821第3号「血管病変等を著しく増悪させる業務による脳血管疾患及び虚血性心疾患等の認定基準」）を参考にしますので、これらの認定基準で挙げられている評価根拠事実等を具体的に主張してください。

15

期日マナーを押さえ、信頼される弁護士になる

1 ルールを守る

　労働訴訟は民事訴訟の一つですから、民事訴訟のルールに則って追行しなければなりません。期日対応もしかりです。

　民事訴訟のルールは民事訴訟法や民事訴訟規則に規定されていますが、それが全てではありません。法規に定めのないルールやマナーは他の弁護士から学ぶしかありません。

　ルールを守らない弁護士やマナーの悪い弁護士を目撃することは意外に多いものです。期日に遅刻する弁護士、提出物の期限を守らず期日を空転させる弁護士、書記官に横柄な態度をとる弁護士はその典型例です。ルールを守らない弁護士、マナーの悪い弁護士は裁判所からの信頼を失うことになります。

2 口頭弁論期日におけるルールとマナー

　口頭弁論期日は法廷（ラウンド法廷の場合もある）で行われるので、指定された法廷に出頭します。数分前までに出頭してください。遅刻は厳禁です。

　入廷したら静かにドアを閉め、出頭簿に代理人名を記入します。担当事件の読み上げまでは傍聴席に座って待ちます。当然ですが、携帯電話の電源は切り、会話は慎みます。同行した依頼者にも同様の対応を指示してください。依頼者を同行するかどうかは自由です。私は「口頭弁論は形式的なやりとりしかなされないので、同行していただかなくても大丈夫ですが、もし、やりとりを傍聴したいのであれば、同行していただいても構いません」と説明して、依頼者の希望に委ねています。同行し

た場合、当事者ではない者（企業の担当者等）は傍聴席までしか入ることはできません。

　労働事件の場合、労働者の支援者や当事者の数が多く、傍聴席に入りきらない場合があります。そのような場合、あらかじめ書記官に連絡して相談してください。また、意見陳述を希望する場合にも、同様に書記官に連絡しておいたほうがよいでしょう。

　担当事件が読み上げられたら、静かにかつ速やかに代理人席に移動し着席します。机上には事件記録、筆記用具及び手帳を出します（余計なものは置きません。最近はノート型パソコンの使用も認められています）。姿勢を正して裁判官が入廷するのを待ちます。足を組んではいけません。

　裁判官が入廷したら起立及び礼をし、裁判官と同じタイミングで着席します。

　裁判官から、「準備書面を陳述するということでよいですね」「甲〇号証を提出することでよいですね」と質問があった場合、立ち上がって「陳述します」「提出します」とはっきりと回答します。法廷で発言する際は起立するのがマナーです。

　書証の証拠調べをするので、新しい証拠を原本で提出する場合には、原本を必ず持参してください。

　相手方から提出された書証の原本確認は慎重に行います。相手方から提出された書証のコピーと原本との同一性を確認するだけでは不十分です。原本を丹念に眺めて、訴訟事件記録に残すべき事項等がないかを確認し、発見した場合には意見を述べます。例えば、「原本には鉛筆書きを消した跡があるので、その旨を調書に残しておいてほしい」「筆記用具が記載毎に異なるようなので、証拠はカラーコピーのものを提出してほしい」などと意見を述べます。

　法廷は数が少ないので、裁判官毎に開廷日（曜日）が決まっています。そのため、開廷日には複数の事件が集中し、1件あたりの口頭弁論期日の時間は数分程度のことが多いです。じっくりと議論をするゆとりはなく、書面のやりとりだけで終わる口頭弁論期日も少なくありません。

口頭弁論期日の終了前に、次回期日が指定されます。次回期日として、口頭弁論期日が指定される場合もありますが、争点及び証拠の整理を行うために、弁論準備手続に付されることも多いです。弁論準備手続に付すタイミングは、裁判官によって異なります。弁論準備手続に付す場合は裁判所から意見を聞かれます。通常は「しかるべく」と回答すればよいですが、耳目を集める事件など公開法廷での審理を望む場合には、希望を述べて構いません。

　次回期日の指定時期についても裁判官から意見を聞かれます。次回期日までに準備することとの兼ね合いで必要な期間を述べます。目安としては、準備書面提出までの期間は1か月程度、大部の準備書面を準備する場合は1か月半から2か月程度の期間をもらいます。次回期日は準備書面提出日の大体1週間後に指定されます。準備書面等の提出期限は必ず守ってください。期限を守らず期日の直前に提出すると、期日が空転してしまいます。

　すべての期日に共通することですが、期日が開かれる時間帯は、午前10時から正午頃又は午後1時頃から午後5時頃の間です。裁判所には夏季休廷期間（20日）や年末年始の休暇があります。期日指定に関して意見を述べる際は、裁判所側の事情も理解しておいたほうがよいでしょう。

3　弁論準備手続期日におけるルールとマナー

　争点整理は、弁論準備手続期日において行われることが多いです。

　弁論準備手続期日は事件が係属する部の書記官室に隣接する弁論準備手続室で行われます。指定された日時に書記官室に出頭し、出頭簿に代理人名を記入して書記官室の近く又は指定された場所で待機します。時間になると書記官が弁論準備手続室まで案内してくれます。

　弁論準備手続期日におけるルールとマナーは、口頭弁論期日と同様です。ただし、発言は着席したまま行います。

　弁論準備手続における最大の目的は、争点について裁判官と共通の認

識を持つことですので、そのことを意識しましょう。

　弁論準備手続期日の終わりに次回期日が指定されます。弁論準備手続期日は、開催可能な日程が多いので比較的柔軟に期日指定してもらえます。争点整理が終わると、口頭弁論期日に戻され、尋問が行われます。次回期日に尋問が予定されている場合は、準備が大変なので長めの期間をもらうことが多いです。

4　尋問期日におけるルールとマナー

　尋問期日は、口頭弁論期日の一種ですので、指定された法廷に出頭します。通常の口頭弁論期日よりもゆとりをもって出頭してください。

　入廷したら出頭簿に代理人名を記入します。同行の尋問予定者がいる場合は、出頭カードを書記官から受け取り、尋問予定者に必要事項を記入し、押印してもらいます。尋問予定者に対しては、印鑑（認印で構いません）を持参するようにあらかじめ伝えておきます。なお、証人は旅費日当を請求できますが、手続が煩瑣なので放棄することが多いです。

　裁判官が入廷した後、裁判官から尋問予定者の本人確認の質問（「○○さんですね。住所等は出頭カードに書いていただいた内容で間違いないですね」）と宣誓（宣誓の内容が記載された書面が置いてありますので、それを読み上げます）が行われます。宣誓の際は、代理人も姿勢を正して起立します。尋問予定者の宣誓の後、裁判官から偽証罪（証人）又は虚偽の陳述に対する過料の制裁（本人）の説明があり、その後、「主尋問⇒反対尋問⇒再主尋問⇒補充尋問」の順で尋問が行われます。

　尋問に関するルールは、民訴法及び民訴規等に定めがあるので、尋問期日前にしっかりと確認してください。また、尋問は録音又は速記により録取していることから、①大きな声で発言する、②尋問の前に代理人の名前を名乗る（異議の場合も同じ）、③書証を提示する場合は番号と提示箇所を特定する、④書証を示しながら尋問する際には、証言台の正面に立たず、証人の横で尋問する、⑤尋問と答えが重ならないようにする、⑥専門用語が登場する場合には、あらかじめ用語一覧表等を提出す

るなどの注意事項があります。

　尋問期日の期日調書は、尋問後数週間で完成します。尋問期日の期日調書は念入りにチェックします。間違いを見つけた場合、必要に応じて書記官に連絡してください。

　尋問の出来不出来を尋問期日の雰囲気で判断するのはよくありません。期日調書を読み直し、冷静に評価することが大切です。

5　和解期日におけるルールとマナー

　和解期日におけるルールやマナーは、基本的には、弁論準備手続期日と同様です。

　和解は交互異時面接方式（一方当事者から交互に話を聞く方式）によって行われることが多いと思いますが、交代する際には荷物を部屋に残さないようにしてください。秘密裏に録音して大問題になった事件がありますので、絶対にそのようなことはしないでください。

6　判決言渡期日におけるルールとマナー

　判決言渡期日は最後の口頭弁論期日において弁論終結の宣言の後に指定されます。指定されるのは、原則として口頭弁論終結時から2か月以内の日です。判決言渡期日は当事者の出頭を要しませんので、代理人の都合に合わせた日程調整は行われません。

　判決言渡期日に出頭するかどうかについては好みの問題ですのでどちらでも構いません。出頭しても傍聴席から言渡しを聞くのでも構いません。どちらかというと、期日に出頭せず電話で結果を確認する弁護士や期日に出頭しても傍聴席で判決を聞く弁護士のほうが多いようです。控訴期限は、判決書の送達を受けたときから進行しますので、言渡期日に出頭して判決書の交付（送達）を受けてしまうと控訴検討期間が短くなってしまいます。そのため、控訴するか否かを検討する期間を少しでも確保したい場合は、電話で確認したほうがよいでしょう。

被告の場合、仮執行宣言付判決に基づき強制執行される可能性がありますので、敗訴が濃厚な場合には、強制執行停止の仮処分の検討・準備をしてください。

7　控訴審の期日におけるルールとマナー

　控訴審の期日におけるルールとマナーは、一審と異なるところはありません。

　控訴審を主宰する高等裁判所は、すべての事件が合議事件（裁判官3名が担当）であり、高等裁判所の裁判長のほとんどは地裁の所長等を経験したベテラン裁判官ですので、法廷には地裁と異なる独特の緊張感が漂っています。

　しかし、上述したルールとマナーを守っている限り、悪い印象を持たれることはありませんので、ひるまず堂々と行動してください。

16

口頭弁論期日で行われることを予想し、準備をして臨む

1 期日対応の重要性

　期日においてはルールを守らなければなりませんが、それだけでは不十分です。勝訴のためには、上手く期日対応をすることが必要です。

　とくに、労働事件で争点となる規範的要件は、裁判官が具体的事実を総合評価して認定しますが、裁判官によって評価のものさしが異なる（＝裁判官によって判断が分かれる可能性が高い）ため、訴訟係属中は、常に担当裁判官の心証を探りながら、主張や証拠に足りないところがないかを検討し補充していかなければなりません。

　また、労働事件は、争点が多岐にわたることが多いうえ、当事者間の対立が激しい事案が多いため、期日で議論になったり、裁判官から釈明を受けたりすることが、一般の民事事件に比べて多いです。それらに即時に対応することができるように、きちんと準備をして期日に臨まなければなりません。

　期日対応の不手際が原因で、不利な争点整理へと誘導されてしまった失敗例、主張や証拠の提出を制限された失敗例、不利益陳述を調書に残されてしまった失敗例など、致命的な失敗を目撃することもあります。

　弁護士の期日における失敗がそのまま訴訟の結論に影響することもありますので、細心の注意が必要です。

2 上手な期日対応

　上手な期日対応とは、裁判所や相手方との議論を通じて、争点整理を有利に進め、裁判所に自己の主張や証拠を印象づけるような対応です。

　そのため、上手な期日対応をするには、事前準備が何より大切です。

期日で行われることを予想し、記録を読み込む等の準備をして期日に臨みましょう。

　期日では、裁判官の言動から事案や主張に対する裁判官の理解・認識、時には心証を推し量らなければなりません。そのためにも、裁判官の発言は一つも聞き漏らしてはなりません。裁判官の発言に不明な点があれば質問して構いませんが、その際、失礼があってはなりません。具体的には、「裁判官は今○○とおっしゃいました。これは○○ということでしょうか？」などと述べます。

　裁判官から釈明を求められた場合には、自己の主張や証拠の内容をきちんと説明してください。裁判官を説得するためには、説明の仕方やタイミングに工夫が必要です。裁判官が知りたい情報が何かを即座に理解し、その情報を素早くかつ分かりやすく提示する必要があります。期日ではコミュニケーション能力も試されるのです。

　言うべきことはきちんと言ってください。臆する必要はありません。時には、裁判官に反論することも必要ですが、失礼のないようにしましょう。

　相手方に対する感情的、攻撃的な言動は慎むべきです。相手方の不誠実、不正義な言動には冷静に異議を述べてください。応戦するのはみっともないのでやめましょう。

　労働事件の場合、口頭弁論期日で労働者側から意見陳述がなされることがありますが、使用者側代理人が労働者側の意見陳述に対してその場で反論する必要はありません。また、組合活動や支援活動の一環として法廷傍聴をする傍聴人による不規則発言が飛び交うことがありますが、不規則発言が訴訟の結論に影響を与えることはありませんので、使用者側代理人が気にする必要はありません。不規則発言が繰り返されて気に障るような場合は、裁判官に対して、「傍聴席からの不規則発言が見受けられます。訴訟指揮をお願いします」などと意見を述べて構いません。

3　上手な口頭弁論期日の対応

　口頭弁論期日は数分程度のことが多いです。じっくりと議論をするゆとりはなく、書面のやりとりだけで終わる口頭弁論期日も少なくありません。そのため、争点整理や実質的な議論は、通常、弁論準備手続で行います。

　しかし、労働者側から、傍聴人や支援者の傍聴の下で審理を進めたいという希望が述べられた場合は、口頭弁論期日において争点整理や実質的な議論がなされることがあります。そのような事件ではとくに念入りに期日前の準備をしておく必要があります。

　裁判官から主張や証拠について釈明を求められた場合は、端的に回答します。期日前に事件記録を読み直し、自らの主張と証拠の説明ができるように記憶を喚起しておくことが重要です。訴訟の序盤においては、その場で回答できない求釈明がなされることも少なくありません。その場合は、「調査・確認する必要があるので、次回期日までに書面で回答します」と回答しても構いません。

　相手方の主張についても事前に十分に検討しておきます。不可解又は不明瞭な点がある場合は積極的に釈明を求めて構いません。例えば、「原告が主張する安全配慮義務違反については具体的な内容が特定されていません。反論を行う前提として、安全配慮義務の内容を具体的に特定していただきたい」などと述べます。

　相手方が当方の主張に対して認否をしない場合には、法廷で認否を求めることもあります。

　上記のやりとりは、主張立証責任を理解していないと議論がかみ合いません。自ら主張立証責任を負う事実に関して、相手方に釈明を求めるのは筋違いです。労働事件の主張立証責任については、『類型別』等の裁判官が執筆した書籍を参考にしてください。

4 期日調書に残してもらう

　口頭弁論期日の内容については、書記官によって調書が作成されます（民訴法160条）。

　口頭弁論期日調書に記載される事項のほとんどは、口頭弁論の形式に関する事項（民訴規66条1項各号）であるため、その内容に関心を持たない弁護士が多いですが、弁論に関する重要事項が記載されている場合がありますから、口頭弁論期日において実質的なやりとりがあった場合には、口頭弁論期日調書を謄写して内容を確認することをお勧めします。

　また、口頭弁論期日調書には、当事者の請求により裁判長が記載を命じた事項を記載しなければなりませんので（民訴規67条1項）、口頭弁論期日における議論の結果が当方に有利な場合は、調書に残すように請求してください。調書に記載されれば、その事項に一定の証明力が認められます。

　とはいっても、何でもかんでも調書に残すように要求するのは裁判所のウケが悪いことがあります。調書に残すのは、原則として争点及び証拠の整理に必要な事項だけにしましょう。

17

弁論準備手続期日では
裁判所の心証を探る

1 事前準備は万全に

　弁論準備手続期日は、裁判所と当事者が膝を交えて率直に意見を交換し争点を整理する場です。実質的な議論が行われることが想定されていますので、一期日あたりの時間も長め（30分から1時間程度）に確保されています。

　確保された時間において、自らの主張及び証拠（立証趣旨）を簡潔に説明できるように事前準備をしておくこと、相手方に対する求釈明を準備しておくことが重要です。弁論準備手続期日の場合はつっこんだ議論がなされることが多いので、時間をかけて準備をしてください。

2 裁判所の心証を推し量るチャンス

　争点整理に関して裁判所と膝を交えた議論ができるのは、弁論準備手続期日だけです。裁判所の言動から、裁判所の理解、考え、時には心証を推し量る最高のチャンスでもあります。裁判所の言動や訴訟指揮に関し疑問点があれば、率直に質問して構いません。黙っていては、実質的な議論がなされないまま期日が終わってしまいます。議論が必要であれば、積極的に発言してください。

　遠方の裁判所における期日の場合は、電話会議による参加が認められていますが、可能な限り裁判所に出頭したほうがよいでしょう。電話では膝を交えた議論が難しいですし、何より裁判所の表情が見えませんので、裁判所の認識・理解を把握することが困難です。

3 争点整理を有利に進めるために

　争点整理段階で、裁判所はある程度心証を形成してしまいます。したがって、争点整理手続における裁判官との議論は非常に重要なものです。

　議論する際には、裁判所と共通の思考の下で議論をするのがベストです。そのためには、訴訟の全体を見通して、スジを常に念頭に置いて議論することが望ましいです。

　できれば実質的な議論を通じて争点整理を有利に進めてください。事件のスジとスワリを勘案し、有利な争点を強調して、「これが主たる争点だ」と認識されるように誘導してください。これができれば、その後の訴訟を有利に展開することができる場合もあります。

4 期日調書に残してもらう

　弁論準備手続の期日の内容については、書記官によって調書が作成されます（民訴規88条）。攻撃防御方法に関する陳述内容が記載されますので、期日において実質的なやりとりがあった場合には謄写して内容を確認することをお勧めします。

　弁論準備手続期日における議論の結果が当方に有利な場合は、調書に残すように請求して構いません。

18

判決を予想し、「攻めの尋問」と「守りの尋問」を使い分ける

1　戦局を把握して戦術を立てる

　尋問は、判決を予想して戦術を立てます（判決の予想の仕方は、22頁参照）。

　勝訴の見込みが高い場合、尋問は守りの場です。ミスをせず、現状を維持すれば勝訴の可能性が高いからです。これに対して、敗訴の見込みが高い場合、尋問は攻めの場となります。多少のリスクを冒してでも、敵性証人から自己に有利な証言を引き出すように努めなければなりません。

　戦局を把握して戦術を立てなければ、適切な尋問はできません。

2　勝訴の見込みが高い場合は現状維持を目指す

　勝訴の見込みが高い場合、すなわち、現状維持ができれば勝訴する可能性が高い場合は、自己の申請証人から不利な事実が証言されることを防がなければなりません。そのため、相手方からの反対尋問対策が重要になります。

　もちろん、虚偽の証言をすることは絶対にしてはなりませんが、相手方の強引な誘導や不明確な尋問によって、証人の認識と異なる内容が回答されることを避けるという観点からの準備は万全に行うべきです。

　また、代理人は、相手方からの反対尋問に対して適切に異議を述べることができるように準備をしておかなければなりません。

　例えば、「○月○日に原告たる労働者とその上司が会議室に同席していたかどうか」が争点の事案において、原告代理人から「○月○日にあなたと原告は会議室で何を話したのですか？」という質問が上司に対し

てなされた場合、これは誤導尋問（争いがある事実が存在することを前提とした尋問）です。このような尋問がなされた場合、被告代理人としては、「異議があります」と言って立ち上がり、続いて異議の理由を端的に述べます。具体的には、「今の尋問は、○月○日に原告と上司が会議室に同席したということを前提としていますが、その事実は争いがある事実ですので、誤導尋問です」と述べます。

　労働事件では、誤導尋問のほかに、証人を侮辱・困惑させる質問、意見や感想を求める質問（民訴規115条2項）に対して異議を述べることが多いです。異議が却下されてもとくに不利益はありませんから、臆さず異議を述べてください。

3　勝訴の見込みが低い場合は敵性証人から証言を引き出す

　勝訴の見込みが低い場合は、相手方が申請した証人（いわゆる敵性証人）から有利な証言を引き出さなければなりません。これは大変難しいことで成功の可能性は高くありませんし、反証に失敗するとかえって相手方の主張を固めてしまうこともあります。しかし、相手方の主張を固めることをおそれて攻めなければ、そのまま負けてしまうのですから、リスクがあっても思い切って攻める覚悟が必要です。

　ここで注意しなければならないのは、争点たる事実についてどちらが立証責任を負っているのかによって、攻め方が異なるということです。相手方が主張立証責任を負っている事実については、相手方の主尋問の信用性を弾劾するだけでよいのですが、こちらが主張立証責任を負っている事実について、相手方の主尋問を弾劾するだけでは足りません。敵性証人から、当方が主張立証責任を負っている事実を推認させるに足る証言を引き出さなければならないのです。

19

裁判官目線の尋問技術を習得する

1 裁判官目線での尋問技術

　上手い尋問にお目にかかることが少ないからか、尋問を退屈に感じてしまい、尋問それ自体を好まない裁判官がいます。そのような裁判官に興味関心を抱かせ、心証形成を有利に導く尋問をすることは難易度が高いです。

　最低限、裁判官が嫌がる尋問をしないようにしてください。裁判官が嫌がる尋問は、冗長な尋問です。準備不足のため事実関係や証拠の記憶があいまいでミスが多い尋問、争点と無関係な尋問、証人と言い争いになる尋問がその典型例です。

2 裁判官が好む主尋問

　尋問前には陳述書の提出を求められます。裁判官は、「陳述書に詳細を記載し、その分、主尋問はコンパクトにしてほしい」と考えています。

　陳述書に記載した事実経緯を、一から質問していくような尋問は嫌われます。

　他方で、事実経緯を完全に飛ばして、いきなり争点に関する質問から始めると、不自然な尋問となってしまい裁判官に理解してもらえません。

　そこで、まず、争点に至るまでの経緯に関しては、「はい」「いいえ」だけで回答できる質問とする方法があります。そして、争点に関する事実関係の質問では、誘導せずに、証人に生の事実を具体的に語らせるようにするのです。このような尋問が誘導尋問に該当するのではないかと心配する弁護士がいますが、争いがない事実は誘導しても問題ありません。

【主尋問の具体例】

質問する項目	どのように尋問するか	具体的質問
経歴	陳述書	質問「この陳述書は○○さんがその記憶に基づいて作成したもので間違いありませんか」 答え「はい」
争点に至るまでの事実経緯（争いがない前提事実）	詳細は陳述書に記載して、尋問では重要な事実のみを「はい」「いいえ」で答えさせる	質問「あなたは、令和4年3月1日、○○社のA会議室でBさんと会議をしていましたか」 答え「はい」
争点に関する事実	証人に生の事実を話させる。質問は5W1H（「誰が」「何を」「なぜ」「いつ」「どこで」「どのように」）	質問「会議の際のBさんの言動で覚えていることを言ってください」 答え「机をたたきながら、『お前は幼稚園児以下だ。こんなことも分からないのか。バカじゃないのか』と言われました」

3 裁判官が好む反対尋問

　前提としてルールを守ってください。違法な尋問（誤導尋問、民訴規115条2項で列挙されている尋問）や所定時間の超過をしてはならないことは当然です。

　反対尋問に関して裁判官が関心を持つのは、争点に関する証言の信用性です。したがって、反対尋問は、そこに焦点をあてたものでなければ意味がありません。

　とはいっても、いきなり争点に関して質問しても証言を弾劾することはできないでしょうから、周囲の事実を先に述べさせて固めたうえで、書証などの客観的事実との矛盾をつくというやり方が王道です。以下、具体例を示します。

（反対尋問の具体例）

上司のセクハラ行為の有無が争点となる事件における上司に対する反対尋問の事例

問　あなたは、3月4日14時ごろ、会議室でA子さんと2人きりになりましたか。

答　はい。

問　そのとき、あなたはA子さんとどのような話をしましたか。

答　仕事の話をしました。

問　具体的にはどのような仕事の話をしましたか。

答　営業の話です。

問　仕事の話だけですか。

答　はい。

問　そのとき、Aさんに不快そうな様子や、困った様子はありましたか。

答　いいえ。

問　後に証拠として提出する書証を示します。このLINEにはあなたの名前が入っていますから、あなたが送ったものですね。

答　はい。

問　日付は3月4日15時となっていますね。

答　はい。

問　「さっきは困らせてごめんね」と書かれていますが、これはどういう意味ですか。

答　……。

4 尋問調書の重要性

　尋問における当事者や証人の陳述内容は、録音又は速記により録取されて調書（尋問調書）として証拠になります（民訴規67条1項3号）。尋問調書は必ず謄写してください。

　代理人も尋問期日では冷静さを欠くことがあり、尋問期日での印象と尋問調書を読んだ印象とに差異があることが少なくありません。尋問期日での印象は弁論の全趣旨（民訴法247条）として斟酌されることがありますが、裁判所の心証形成に大きな影響を与えるのは尋問調書に記載された陳述内容です（控訴審の裁判官には、一審の尋問期日での印象は伝わりません）。そのため、代理人は、尋問調書を隅々まで読み、そこに記載された証言を漏れなく活用して最終準備書面を作成しなければなりません。

　なお、書記官は細心の注意を払って尋問調書を作成しますが、稀に、陳述内容と異なる内容が記載されていることがあります。そのため、尋問調書の内容に誤りがないかを念入りにチェックし、誤りを見つけた場合はその旨書記官に連絡してください。

20

上手に和解する

1 判決よりも和解で解決

　和解と判決は、訴訟の解決の車の両輪と言われており、どちらも終局的に紛争を解決する手段です。

　しかし、判決は、裁判所が強制的に命じるものであるため敗訴当事者には不満が残りますし、紛争が解決する範囲は訴訟物の存否だけです。これに対して、和解は、双方が譲歩し、納得のうえで紛争を解決するものですから、判決に比べると遺恨は残りにくいですし、解決の範囲も訴訟物の存否に限定されていないため、柔軟な解決が可能です。したがって、とくに労働事件は、判決よりも和解による解決のほうが望ましい事案が多いと言うことができます。

2 和解の時期に応じた戦略

　和解をする時期は、争点整理が終了した時点（尋問前）又は証拠調べが終了した時点（尋問後）のいずれかの場合が多いです。

　尋問前は裁判所の心証が固まっているわけではありませんから、尋問後の和解に比べて柔軟な解決が可能な場合が多いでしょう。そのため、負けスジ事件の場合、尋問前に和解したほうが得策です。

　これに対し、尋問後は裁判官の心証が固まっており、それと離れた和解は困難となります。したがって、尋問後は、判決を予想し、それより少しでも有利な内容であれば和解するのが得策です。

　いずれの時点でも上手に和解するには、判決の予想が必須です。判決の予想の仕方は、22頁を参照してください。

3 和解における交渉技術

　和解は交互異時面接方式（一方当事者から交互に話を聞く方式）によって行われることが多いです。この場合、相手方と直接交渉するのではなく、裁判官を通じて交渉することになります。

　和解の際には、裁判官の言動からその心証を推し量る必要があります。裁判官に不利な内容を告げられたからといって、訴訟の結論について裁判官が不利な心証を抱いているとは限りません。裁判官に告げられた不利な内容について、当該訴訟上の位置づけや意味を理解し、裁判官との議論を通じて裁判官の心証をより正確に把握するよう努めてください。

　裁判官に告げられた不利な内容にどうしても納得がいかない場合には、再考を求めて反論しても構いません。ただし、反論をする際にはそれなりの理論武装が必要です。

　裁判所からの和解勧告を拒絶したからといって、判決において不利に取り扱われることはありません。もっとも、裁判所が和解勧告をする以上、何らかの理由がありますので、真摯に検討してください。

4 労働事件における和解

　労働事件は紛争性が高いため、感情的になってしまいがちですが、代理人が感情的になってしまっては和解をすることはできません。状況を冷静に分析し、最も得策な解決を目指すべきです。

　状況を分析した結果、和解が得策だと考える場合には、予想される判決との比較（経済的な合理性）や控訴審になった場合の負担を丁寧に説明して依頼者の理解を得るように努めます。この際、使用者側の場合は、経済的な合理性に加えて、和解による解決のほうが遺恨を残さず、口外禁止条項を設けることで、レピュテーションリスクが減ぜられることを説明してください。

第 **3** 章

労働審判での
戦術を身につける

21

労働審判手続のイメージをつかむ

1 短い審理期間で大半の個別労働紛争を解決できる

　労働審判手続は、訴訟手続や調停手続と異なるユニークな手続です。この手続を適切に遂行するためには、手続についてのイメージをつかむことが重要です。

　労働審判手続は、個別労働紛争の解決のための専門的な手続です。期日は3回までとされており（労審法15条2項）、実際の平均審理期間（申立てから終了まで）は概ね約3か月です。

　労働審判手続では70％くらいの事案で調停が成立しますので、合意（調停）による解決がメインの手続だといえます。

　労働審判に対して異議が出た場合は、労働審判は失効し訴訟に移行しますから（労審法21条3項、22条1項）、労働審判には判決のように強制的に紛争を解決する効力はありません。しかし、実際には、労働審判に異議が出されるのは60％くらいで、残りの40％は確定していますので、大部分の事件は労働審判で解決しているといえます。

　このように、労働審判手続は、3か月という短い審理期間で、約80％（調停70％、労働審判の確定が10％）の事件を終局的な解決に導いている手続だといえます。

2 とてもスピーディー

　労働審判手続の一番の特徴は、よほどのことがない限り3回までと期日の回数の上限が決まっていることです。

　3回の期日で結論を出さなければなりませんので、手続はとてもスピーディーに進みます。第1回期日において、主張、争点整理、証拠調

べ、権利関係に関する心証形成、調停案の提示まで行われることもめずらしくありません。

3　一期日は長く、しっかり議論する

労働審判手続期日は1回の期日に大体1〜3時間（第1回期日は2時間程度のことが多いです）が確保されています。その時間を余すことなく使って、しっかりとした議論が行われます。

期日では労働審判官から代理人に対して、主張や証拠に関する質問が次々となされますし、申立人本人や企業の担当者に対しても、容赦のない質問がなされます（訴訟の補充尋問が長時間行われるイメージです）。

（第1回の労働審判手続期日の進行例）

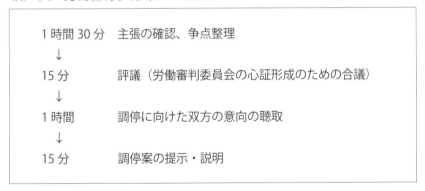

4　裁判官はきちんと心証形成できる？

労働訴訟は約1年半の審理を経て判決に至りますが、労働審判は3回の期日で審理を終結します。この短期間の審理で心証がきちんと形成できるのか疑問に思う弁護士も少なくありません。

しかし、裁判官は心証形成に相当な自信を持っています。私は以前、この疑問を元判事に質問したことがありますので、その際のやりとりを紹介します。

筆者　：労働審判手続は3回の期日で審理を終結しますが、それで、きちんと心証をとることができるのですか？

元判事：いや。それが、不思議なことに、訴訟よりむしろ心証がとりやすいんだよ。訴訟の場合、弁護士のフィルターを通して主張や証言がされるので、心証形成をするのはかえって難しいようだ。労働審判手続は、いきなり当事者から生の声を聞くことができるし、こちらからどんどん質問するので、1回目の期日でほとんど心証がとれる。弁護士は大変だと思うけど、とてもいい制度だと思うよ。

5　労働審判は調停と判決の中間？

　労働審判手続は、基本的には、話し合いによる柔軟な解決（調停）を目指す手続ですが、調停が不成立の場合は、労働審判委員会は心証に基づき労働審判を下します。この審判は、異議が出なければ確定し、裁判上の和解（確定判決）と同じ効力を有します。

　労働審判は、「当事者間の権利関係を踏まえつつ事案の実情に即した解決をする」（労審法1条）ために下すものです。

　判決では、例えば、地位確認の訴訟において、裁判所は解雇が有効であると判断した場合、請求棄却の判決を下します。紛争に白黒つけるのです。

　これに対して、労働審判の場合、解雇が有効であると判断した場合であっても、必ずしも請求棄却の審判をするわけではありません。例えば、「①申立人（労働者）と相手方（使用者）は、申立人が令和○年○月○日限り相手方を合意退職したことを相互に確認する、②相手方は申立人に対し解決金として○万円を支払え」という内容の労働審判をすることもあります。

　労働審判は、訴訟と調停の中間的な解決というイメージです。

【労働審判手続の流れ】

手続	申立日からの おおよその合計日数
① 申立人が地方裁判所に申立書を提出 （労働審判員会による申立書の審査等） ↓	
② 労働審判委員会が第1回審理期日を指定 ↓	
③ 申立書と呼出状を相手方に送付 ↓	10日 ↓
④ 答弁書の提出期限 ↓	30日 ↓
⑤ 第1回審理期日 ↓	40日 ↓
⑥ 第2回審理期日　　　⇒　調停又は審判 ↓	60日 ↓
⑦ 第3回審理期日	80日

22

「3回以内の期日で紛争解決の見込みがある」場合には労働審判手続を選択する

1 労働審判手続の対象は個別労働紛争のみ

　労働審判手続の対象となる事件は労審法1条で定められています。

　まず、「労働者と事業主との間」の紛争でなければなりません。そのため、労働組合と使用者との間の紛争（集団的労使紛争）は対象ではありません。また、ハラスメント事案でも、使用者に対する損害賠償請求は対象ですが、加害者個人に対する損害賠償請求は対象外です。

　次に、「労働関係に関する事項」に関する紛争でなければなりません。そのため、使用者と労働者の紛争であっても、労働関係に関する事項ではない紛争は対象外です。

　さらに、「民事に関する」紛争でなければなりません。そのため、労災保険の不支給決定に関する取消訴訟のような行政事件は対象外です。

2 労働審判手続と訴訟手続の使い分け

　労働審判と訴訟の使い分けですが、「3回以内の期日で紛争解決の見込みがあるかどうか」によって判断するのがよいと思います。

　すなわち、労働審判は3回以内の期日で紛争を解決する手続であり（労審法15条2項）、3回の期日で調停が成立しない場合には、裁判所は労働審判を下します。この労働審判に対しては、異議申立てができ（労審法21条1項）、仮に異議が出された場合には、訴訟手続に移行します（労審法22条1項）。そのため、3回以内の期日で調停（＝合意による解決）による解決の見込みがなく、かつ、双方が裁判所の審判に従う見込みがない（＝異議を出す）のであれば、労働審判手続は無意味であり、はじめから訴訟を利用したほうが合理的です。

他方で、3回以内の期日で話し合いによる解決が可能な事案であれば、労働審判手続のほうが依頼者の利益に資することが多いでしょう。なぜなら、解決までの期間が圧倒的に短く、その分、費用や労力が訴訟に比べて少なくて済むからです。

【訴訟と労働審判の違い】

	訴訟	労働審判
手続の性質	判決によって紛争解決。ただし、和解もある	調停による解決を目指すが、不成立の場合は労働審判
誰が審理する	裁判官	裁判官＋有識者2名
審理期間	約1年半	3回の期日 （2か月半程度）
公開されるか	公開	非公開
裁判所の判断内容	判決＝権利関係の存否に対する判断	労働審判＝当事者間の権利関係を踏まえつつ事案の実情に即した解決をするために必要な審判

23

第1回期日までに主張を終える

1 労働審判手続における書面の提出時期

　労審規27条は、「当事者は、やむを得ない事由がある場合を除き、労働審判手続の第2回の期日が終了するまでに、主張及び証拠書類の提出を終えなければならない」と規定しています。

　しかし、争点整理や心証形成は第2回期日から始まるわけではなく、第1回期日からどんどん進んでいきます（労審規21条1項）。したがって、労働審判手続では、可能な限り第1回期日までに主張や証拠の提出を完了すべきです。

　「相手方の出方を見る」などと悠長なことは言っていられないのです。

2 申立人（労働者）側がすべきこと

　申立書は、請求原因だけの記載では足りず、事前の交渉経過から争点を予想し、それを記載しなければなりません（労審規9条1項）。

　例えば、相手方から抗弁の提出が予想される場合にはその事実の不存在を推認させる事実を主張し、あるいは、再抗弁を主張しなければならないのです。

　したがって、申立書は相当詳細なものでなければなりません。

　もっとも、申立人は、申立時期を任意に決めることができるため、準備期間が足りないということはないはずです。

【申立書と訴状の記載事項の相違】

	労働審判申立書	訴状
記載すべき内容	①申立ての趣旨 ②申立ての理由 ③予想される争点及び当該争点に関連する重要な事実 ④申立てに至る経緯の概要	①請求の趣旨 ②請求の原因、請求を理由づける事実
提出すべき証拠	予想される争点ごとの証拠	請求の原因、請求を理由づける事実に関する証拠

3 相手方（使用者）側がすべきこと

　使用者は、裁判所から呼出状等が送付されることにより労働審判手続が申し立てられたことを知ります。また、その呼出状には第1回期日と答弁書の提出期限が記載されています（労審規15条）。

　通常、第1回期日は、通知書受領日の大体1か月後の日が指定され（労審規13条）、答弁書提出期限はその1週間前までとされますので、使用者は約3週間で答弁書を作成しなければなりません。

　答弁書には、①申立ての趣旨に対する答弁、②申立書に記載された事実に対する認否、③答弁を理由づける具体的な事実、④予想される争点及び当該争点に関連する重要な事実、⑤予想される争点ごとの証拠、⑥当事者間においてされた交渉（あっせんその他の手続においてされたものを含む）その他を記載しなければなりません（労審規16条1項）。約3週間でこれらの主張を全部終えるのは簡単なことではありません。

　実際、労働審判手続では、「使用者側は主張を満足に主張できない」「証拠が十分に提出できない」という感想を抱く場合が少なくないようです。

24

第1回期日から2時間程度の審尋がある と心得る

1 期日におけるマナー

　労働審判手続期日には、呼出状で指定された日時・場所（書記官室）に出頭します。出頭簿が置いてありますので、代理人名と出頭した当事者名（あるいは企業の担当者名）を記入し、そこで指定された場所で待機します。時間になると労働審判員（又は書記官）が労働審判廷（会議室のような部屋）まで案内してくれます。

　労働審判手続期日は、法廷ではなく、労働審判廷で行われます。

　労働審判廷に入室する際には、「失礼します。相手方代理人と企業の担当者です」などと言って入室し、指定された席に座ります。当然ですが、入室前に携帯電話の電源を切ります（あるいはマナーモードにします）。

　労働審判廷では、事件記録と筆記用具（あるいはノート型パソコン）だけを机上に置いてください。適宜メモをとっても構いませんが、録音をしてはいけません。

　労働審判手続期日は、労働審判官（裁判官）と労働審判員2名が主催します。期日の所要時間は、第1回期日が2時間程度（長い場合は3時間程度）、その後の期日は内容次第ですが、大体1時間程度のことが多いです。

2 誰が出頭するか

　労働審判手続期日には、代理人の他に、申立人側は申立人本人、相手方は事情に詳しい担当者や上司が出頭するように裁判所から要請されます（出頭できない場合には電話待機となります）。

3 期日に対する準備

　労働審判手続では、第1回期日から、当事者や担当者に対する審尋等（訴訟の補充尋問が長時間行われるイメージです）が行われますので、期日前に、詳細な事情聴取、打ち合わせ等の準備をする必要があります。

（1）補充主張の要否・補充書面の提出

　第1回期日の1週間前までに答弁書が提出されますので、申立人は再反論を検討し、可能であれば期日前に補充書面を提出します。

　また、第1回期日での審理を踏まえて補充主張の要否を検討し、必要に応じて第2回期日までに補充書面を提出します。

（2）主張、事実関係及び証拠の説明の準備

　期日では、労働審判官から、主張、事実関係及び証拠について詳細な質問がなされます。それらの質問について、すべて迅速かつ端的に回答する必要があります。

　そのため、期日前に、書面と証拠を読み返して記憶喚起をしておく必要があります。また、証拠について端的に説明できるように、証拠説明書の写しを手元に置いておくとよいでしょう。

（3）当事者や担当者に対する審尋の準備

　期日では、労働審判官や委員から申立人や担当者に直接審尋がなされます。訴訟の補充尋問のようなイメージです。

　そのため、証人尋問同様の準備をする必要があります。

4 期日対応の方法

（1）争点整理と証拠調べ

　労働審判委員会は、通常、第1回期日において当事者の主張（陳述）を聞いて争点を整理し、必要な証拠調べを行います（労審法15条1項、

労審規21条1項）。

　具体的には、まず、労働審判官から、当事者の主張内容に関する確認がなされます。これは、申立書と答弁書の主張内容を労働審判官が正しく理解していることを確認するために行われるものです。労働審判官の認識が自己の認識と異なる場合には、労働審判官の理解を正してください。とくに、期日の直前に提出した書面については、その内容が正しく理解されていないということがよくありますので注意してください。

　次に、争点についての確認があります。労働審判官が争点について誤解していたり、取り上げるべき争点に過不足がある場合は、その旨を指摘してください。例えば、「裁判官のご指摘のとおり、本件の争点として○○があることは間違いありませんが、その争点の前に、○○の点も重要な争点だと考えます」などと述べてください。

　さらに、争点に関する証拠調べが行われます。具体的には、提出された書証を調べたり、出頭した当事者や参考人を審尋します。当事者や参考人に対する審尋については、企業の場合、事実を体験した担当者が全員出頭しているわけではありませんので、期日前に事情聴取した内容を弁護士が代わって回答することもあります。

　また、当事者や参考人に対する審尋は、いわゆる対質のような形で行われます。審尋は、労働審判委員会が職権で行うものですので、代理人が横から口をはさむのは好ましくありません。しかし、陳述内容に証拠と矛盾する内容があった場合、審尋が一区切りついたタイミングを見計らって、「今の点に関して発言してもよろしいでしょうか」と労働審判官に伺いを立て、許可された場合には、「申立人は今○○と述べましたが、甲○号証に記載されている内容とは異なります」などと述べ、陳述の信用性を弾劾する方法があります。

（2）評議と心証開示

　第1回期日で事実の調査が終了すると、労働審判委員会は評議を行い、労働審判委員会としての心証を形成します。その後、評議の結果が個別に当事者に伝えられる（＝心証開示）とともに、申立人と相手方それぞ

れから解決方法についての希望を聴取します。

　代理人としては、まず、労働審判委員会の心証開示の内容を理解するように努めてください。その際、結論だけではなく、その結論に至る過程をきちんと理解してください。もし、不明点があれば労働審判委員会に質問しましょう。

　労働審判委員会の心証に納得がいかない場合は、意見を述べて構いません。もっとも、規範的要件の有無（事実の評価（経験則））に関しては心証が覆ることはほとんどないと思います。

　また、解決方法に関する希望については、その場で決めるのではなく、依頼者と打ち合わせをしたうえで意見を述べてください。

　意見は、例えば、裁判官から「解雇が有効である」との心証を伝えられた場合、原告代理人としては、「退職することについてはやむを得ないと考えますが、退職理由については会社都合としてください。また、次の就職までの期間の生活保障として、解決金として給与の○か月分の補償を求めます」などと述べます。

　労働審判委員会は、双方の意見を踏まえて調停案を提示します。調停案を受諾するかどうかについては、その場で回答しても構いませんが、持ち帰って次回期日までに回答しても構いません。

25

調停案をしっかりと検討する

1 労働審判委員会から示された調停案の意義

　労働審判委員会から提示された調停案を受け入れるかどうかは自由です。しかし、調停案は、評議を経て形成された心証に基づくものですから、調停が成立せず審判となった場合は、調停案の内容通りの労働審判になることが多いです。そのため、調停案を検討する際には、同じ内容の労働審判が下されることが多いという前提で検討してください。

　また、調停案に納得がいかず、対案を提示することも自由ですが、対案は一方当事者の希望にすぎず、労働審判委員会の調停案ではありません。したがって、相手方が対案を受諾すれば別ですが、そうでない限り、やはり、労働審判委員会が提示した調停案の受諾の可否を検討することになります。

2 調停案の依頼者への説明方法

　労働審判委員会の調停案については、その理由を含めてきちんと依頼者に説明してください。

　納得できない依頼者も多いと思います。当然ですが、調停案を受諾するよう無理強いしてはなりません。ただし、調停案を拒絶した場合の負担についてはきちんと説明してください。例えば、「労働審判委員会の調停案は評議を経た内容ですので、調停が成立しない場合は、その内容通りの労働審判になることが多いです。労働審判に納得できない場合には異議を出し、訴訟で決着をつけることになります。訴訟になると、決着までに2年程度かかりますし、費用が〇円程度かかります」などと説明してください。

3 付帯条項の検討

　労働審判委員会から提示される調停案は、基本的な事項に関するものだけです。例えば、地位確認申立事件では、雇用契約の有無の確認と解決金額だけを提示されることが多いです。

　しかし、調停案を検討する際には、基本的事項以外の条項の要否についても検討してください。その際の基本的な視点は、調停後に問題を残さない（＝すべてを解決する）ということです。

（1）清算条項

　当事者間に債権債務がないことを確認する条項です。労働事件で調停をする場合、ほぼすべての事案で清算条項を定めます。

　清算条項を定める場合、清算の対象を無制限とするのか、本件に限定するのかを検討してください。例えば、雇用契約の不存在を前提とした解決をする場合、使用者と従業員との間には当該調停条項で定める債権債務を除いて、互いに債権債務は存在しないのが通常ですから、無制限の清算条項を定めて構いません。

（2）口外禁止条項

　労働事件の調停の場合、口外禁止条項を定めることが多いです。

　口外禁止条項を定める場合には、例外的に口外が許される場合を明記してその他の口外を一切禁止する方法と「〜は正当な理由なく（＝みだりに）口外することを禁止する」と定める方法がありますので、事案に応じて適当なほうを選択してください。

26

労働審判の主文のイメージをつかむ

1 労働審判の実務

　労働審判手続においては、まずは調停の成立を目指しますが、話し合いがまとまらない場合は、労働審判委員会が、当事者間の権利関係と手続の経過を踏まえ、事案の実情に即した判断を示します。この判断が労働審判です（労審法20条1項）。

　労働審判は、主文及び理由の要旨を記載した審判書を作成して行う方法（労審法20条3項）と、労働審判の主文及び理由の要旨を口頭で告知する方法（労審法20条6項）がありますが、実際には、後者がほとんどです。口頭で告知される場合、調書が作成され、その調書に主文と理由の要旨が記載されますが（労審法20条7項）、理由の要旨は、通常は定型文言で、詳細な事実認定等の記載があるわけではありません。

　労働審判の主文は、判決の主文とは似て非なるものです。労働審判手続を上手く遂行するためには、労働審判の主文のイメージをつかむことが重要です。労働審判の主文は、当事者間の権利義務関係と手続の経過を踏まえたものでなければなりませんが、そうである限り労働審判委員会が柔軟に定めることが可能です（労審法20条2項）。この点で、原告の請求の存否を判断する判決と異なります。

　例えば、労働審判委員会が解雇無効の心証を抱いた事案であっても、労働者が金銭解決を望んでいる場合には、退職の確認と金銭の支払を内容とする審判がなされることがあります。他方で、労働審判委員会が「解雇有効で金銭の支払義務は発生していない」という心証を抱いた事案であっても、使用者が金銭解決について譲歩の姿勢を見せている場合には、退職の確認だけではなく、高額な解決金の支払いを内容とする審判が言い渡されることがあります。

労働審判に不服のある当事者は、労働審判手続期日において労働審判の告知を受けた日から2週間以内（当事者が欠席している場合などで労働審判手続期日における告知がなされなかった場合は、審判書の送達を受けてから2週間以内）に、裁判所に異議の申立てをすることができます（労審法21条1項）。

　すべての当事者が出頭する期日で口頭で労働審判の告知を受けた場合は、審判書を受け取っていなくても、告知日から異議申立期間が進行しますので注意してください。

【判決と労働審判の違い】

	判決	労働審判
判断の内容	原告の請求の存否 ＝訴訟物たる権利関係の存否	審理の結果認められる当事者間の権利関係及び手続の経過を踏まえて、当事者間の権利関係を確認し、金銭の支払や物の引渡し等を命じ、その他紛争解決のために相当と認める事項を定めることができる
判断時期	できるだけ2年以内	3回以内の期日で終結（期日で口頭告知されることが多い）
形式	・書面（判決書） ・理由は具体的に記載される	・口頭告知（調書に記載される）がほとんど ・理由は定型がほとんど
異議申立期間	送達日から2週間	原則　告知日から2週間 例外　送達日から2週間

2 判決型と調停条項型

　労働審判には、当事者の権利関係の存否を判断する判決に類似した審判（判決型）と、調停条項に類似した審判（調停条項型）の2つのパターンがあります。

　実務では、労働審判委員会が双方に調停案として示した内容を労働審判の主文とする「調停条項型」が多いです。

（判決型の例）

（申立人勝訴）
1　申立人が相手方に対し、労働契約上の権利を有する地位にあることを確認する。
2　相手方は申立人に対し、令和○年○月から本労働審判確定の日まで、毎月○日限り○○万円及びこれに対する各支払期日の翌日から支払済みまで年○パーセントの割合による金員を支払え。
3　手続費用は、相手方の負担とする。

（申立人敗訴）
申立人の請求を棄却する。

（調停条項型の例）

1　相手方は申立人に対して、本件解決金として○万円の支払義務があることを認める。
2　相手方は、申立に対し、前項の金員を本審判確定後速やかに持参又は送金して支払う。
3　申立人は、申立にかかるその余の請求を放棄する。

4　申立人と相手方は、申立人と相手方との間には、本審判主文
　　　に定めるもののほかに何らの債権債務がないことを相互に確
　　　認する。
　　5　手続費用は各自の負担とする。

3　通常訴訟への移行

　労働審判に対して異議申立てがなされた場合は通常訴訟に移行し、改
めて審理がなされますが、通常訴訟の裁判官は、労働審判委員会の判断
（心証）を事実上尊重する傾向があります。

　判決型の決定であれば、通常訴訟の裁判官にも労働審判委員会の心証
は明らかなのですが、調停条項型の場合、必ずしもそうではありません。
なぜなら、調停条項型の労働審判の場合、労働審判手続において提示さ
れた調停案と同じ折衷的な内容であることが多いからです。

　例えば、労働審判委員会が、「解雇は有効で企業は労働者に対して金
銭支払義務を負わない」という心証を抱いた事案であっても、労働審判
における審理の過程で企業が一定の譲歩の態度を示していた場合には、
労働審判委員会は一定の金銭を支払う内容の調停案を提示し、同内容の
労働審判をすることがあります。このような場合、通常訴訟の裁判官に、
労働審判委員会の心証が正しく把握されないおそれがあるのです。

　そこで、訴訟手続に移行した場合には、労働審判委員会から開示され
た心証の内容を通常訴訟の裁判官に伝えたほうがよいことがあります。
また、そのためには、労働審判委員から心証開示や調停案の提示を受け
た際には、その理由等の説明を受けておくことが重要です。

27

使用者側は
24条終了の上申を検討する

1　24条終了とは？

　「24条終了」とは、労働審判をすることなく、労働審判手続を終了する決定のことです。労審法24条1項で規定されていることから、実務では「24条終了」と呼んでいます。

　24条終了をするかどうかは、労働審判委員会が「事案の性質に照らし、労働審判手続を行うことが紛争の迅速かつ適正な解決のために適当でないと認めるとき」に該当するかどうかを職権で判断します。

　24条終了の決定がなされた場合、自動的に訴訟手続に移行します。

2　使用者側は24条終了の上申を検討する

　24条終了は労働審判委員会が職権で判断することになっており、当事者に申立権は認められていませんが、職権発動の上申書を提出することは可能です。

　とはいっても、自ら労働審判手続を選択した労働者から審判手続の終了の上申をするケースはほとんどないはずです。これに対して、使用者側からすると、「労働審判手続による解決は適切ではなく訴訟手続で決着をつけるべきである」と考えることは少なくないでしょう。その場合には、24条終了の上申をすることを検討します。

3　どのような場合に24条終了の上申をするか

　24条終了は、「事案の性質に照らし、労働審判手続を行うことが紛争の迅速かつ適正な解決のために適当でないと認めるとき」に行われるも

のです。どのような場合がこれに該当するかはケースバイケースで、統一された運用基準があるわけではありませんが、以下のような事案については、24条終了の上申を検討してください。

（1）事案が複雑

　紛争規模が大きい、他の労働者への影響が大きい、あるいは争点が極めて多いことから、3回の期日での解決が難しい事案です。

（例）

・大規模な整理解雇の事案

・関連事情が多い就業規則の不利益変更の事案

・背景事情や関連事情が多い配転無効の事案

・残業代請求事件で、事実認定が困難な事案（タイムカード等がなく、日報やメールに基づく事実認定を要する事案）

（2）労働法以外の専門的知見が必要な事案

　労働法以外の専門的知見が必要で、その知見の準備が難しい事案です。

（例）

医学的知見が必要となる労災（損害賠償）事案

（3）事実認定が困難な事案

　争点に影響する事実関係が先鋭的に争われていて、労働審判における心証形成が難しいような事案です。

（例）

・第三者証人の尋問が必要な事案

・重要な証拠を入手するのに文書送付嘱託や文書提出命令が必要な事案

第**4**章

仮処分を
有効活用する

28

保全の必要性を十分に疎明する

1 なぜ、仮処分を利用するか？

　仮処分は、訴訟で判決が確定する前の暫定的な処分（＝権利関係を仮に定める処分）です。仮処分で勝った場合でも、後の訴訟で結論が覆されることも少なくありません。

　それでは、なぜ、仮処分を利用するのでしょうか。

　仮処分を利用する理由は、訴訟による決着（＝判決確定）を待つことができない事情があるからです。

　例えば、企業を解雇された労働者は、次の日から賃金の支払いを受けることができません。訴訟は決着までに最低でも1年以上かかります。労働審判手続も、調停が成立せず、労働審判に対して使用者側から異議が出れば訴訟に移行しますので、決着までに相当な時間がかかる可能性があるという点では同じです。これでは、労働者の生活が困窮してしまいます。そのため、「仮」の決着でもよいので、とりあえず、賃金の仮払いを求めて仮処分の申立てをするのです。

2 被保全権利

　仮処分事件では、債権者は、被保全権利と保全の必要性を主張し疎明しなければなりません（民保法13条）。

　被保全権利の主張については、その内容において、訴訟における主張立証（訴訟物に関する主張立証）と異なるところはありません。

3 「保全の必要性の疎明」がポイント

　仮処分は、訴訟による決着（＝判決確定）を待つことができない事情がある場合の手続です。そのため、「債権者に生ずる著しい損害又は急迫の危険を避けるためこれを必要とするとき」（民保法23条2項）が要件とされています。この要件のことを実務では「保全の必要性」といいます。

　仮処分手続においては、保全の必要性をいかに疎明するかがポイントとなります。

（1）賃金仮払い仮処分事案における保全の必要性

　賃金仮払い仮処分の事案において、債権者（労働者）は保全の必要性として、「債権者の経済状況が、賃金の仮払いがなければ労働契約上の権利を有する地位にあることの確認や賃金の支払を求める旨の本案訴訟を提起することが著しく困難となる程度にまで、急迫の危険が差し迫った状態にある」こと（横浜地決平成27年11月27日労判1151号70頁、東京高決平成28年7月7日労判1151号60頁）、あるいは「債権者の生活の困窮の危険を避けるための必要性」（東京地決平成14年6月21日労判835号60頁）を疎明しなければなりません。

　この点、仮処分の必要性は、「通常は、賃金を唯一の生計手段とする労働者が解雇によって収入の途が絶たれた事実が疎明されれば、必要性の存在も疎明され」るとする裁判例（東京地決昭和51年9月29日判時843号114頁）がありますが、他方で、労働者が資産を保有している場合（高額の賃金を受け取っていたり、長期間就労している場合には相当な財産を有していると推認されることがあります）、副業を持っていて賃金以外の収入がある場合等には保全の必要性が否定されることがあります。また、保全の必要性は、家計単位で判断されるため、同居の親族に収入がある場合にはその分も加味して判断されます。

　このように、実務では、保全の必要性をある程度厳格に判断する傾向がありますので、一般論としては、債権者の収入の有無と額、預貯金等

の資産の有無と額、同居家族の収入の有無と額、家計の収支状況に基づいて、「債権者の生活の困窮の危険を避けるための必要性」等をきちんと疎明する必要があります。

　なお、仮払いが認められる期間は、原則として過去分については認められず（それまで生活できてきたため）、また、将来分については、「本案の第1審判決に至るまで」あるいは、決定から1年程度に限定されるのが一般的です（それ以上の期間は保全の必要性を欠くのが通常であるため）。

（2）労働契約上の地位にあることを定める仮処分

　解雇の無効を主張して労働契約上の地位にあることを定める仮処分の申立てをすることがありますが、労働契約上の権利に関して労働者が賃金の支払いを受けられないこと以外に著しい損害は通常は想定できませんので、労働契約上の地位にあることを定める仮処分について保全の必要性が肯定されるのは例外的な事情（在留期間更新の利益等）が認められる場合だけです。

4　仮処分決定が後日覆された場合は？

　賃金仮払いの仮処分は、その決定に基づき強制執行することができます。しかし、後日、当該仮処分決定が取り消された場合（保全異議（民保法32条）又は訴訟での債権者敗訴判決の確定による仮処分の取消（民保法40条・38条））には、債権者である労働者は受領した金銭を返還しなければなりません。この場合、使用者は労働者に対し、原状回復の裁判（民保法33条）という簡易な方法で仮払い金の返還を求めることができます。

　また、仮処分決定が取り消された場合には、債権者には仮処分の申請について過失があったものと推定されるため（最判昭和43年12月24日民集22巻13号3428頁）、不法行為に基づく損害賠償責任を負う可能性があります。

なお、労働者は仮払いされた金銭を生活費として費消しますので、実際には、仮払い金の返還や損害賠償を受けることが困難になることも少なくありません。そのため、使用者としては、申立て却下のために、本案訴訟と同程度の労力を注ぐべきであり、被保全権利が存在しないことについて丁寧に主張する必要があります。

5　使用者から申し立てる仮処分

　使用者から申し立てる仮処分としては、労働組合やその組合員を相手方とする仮処分が考えられます。例えば、労働組合が職場を占拠した場合に、所有権、占有権及び営業権に基づく妨害排除請求権を被保全権利として不動産の明渡の仮処分を申し立てるなどです。
　また、労働組合員が違法な街宣活動をした場合に、その差止めの仮処分を申し立てることもあります。

29

仮処分手続・条文を知っておく

1 仮処分の審理はどのように進むか

　裁判所は、債権者による申立てから約2週間後に審尋期日を指定します。地位保全の仮処分は、債権者と債務者が立ち会う双方審尋期日が必ず開催されます（要審尋事件。民保法23条4項本文）。

　債務者は第1回審尋期日までに答弁書を提出しなければなりません。

　一般的に、審尋期日は2回ないし4回、2週間程度の間隔で開催されます。事件終了までに約3か月程度かかります。

　審尋期日では、主張書面や疎明資料の提出を行います。当事者尋問や証人尋問は行われず、代わりに陳述書を提出します。

　この審尋期日では和解の話もされ、金銭和解が成立することも少なくありません。

2 短期間に準備しなければならない

　仮処分の審理は迅速に進みますので、短期間に準備を進めなければなりません。とくに、相手方（通常は使用者）の準備期間は短いので、申立てがあったことを知った場合には、直ちに準備に着手しなければなりません。

3 不服申立て

　保全命令（＝申立てを認める命令）に対しては、発令した裁判所に保全異議を申し立てることができます（民保法26条）が、保全異議を申し立てても、保全執行は停止しません。

保全執行を停止するためには、執行停止の申立て（同法27条）を行う必要がありますが、これが認められることはほとんどありません。

また、債権者が本案訴訟を提起しない場合（同法37条）、事情変更による場合（同法38条）、仮処分命令によって償うことのできない損害を生ずるおそれがあるなど特別の事情がある場合（同法39条）には、債務者は保全取消の申立てを行うことができます。仮処分命令後に労働者が就職し収入を得た場合にはこれを申し立てることになります。この場合も、保全執行を停止するためには執行停止の申立てが必要です（同法27条、40条1項）。

【賃金仮払い仮処分手続の流れ】

```
①　申立人が地方裁判所に申立書を提出
　　（裁判官による申立書の審査等）
　　　　　　　↓
②　期日呼出状の送付
　　　　　　　↓（2週間）
③　第1回審尋期日
　　　　　　　↓（2週間）
　　第2回審理期日
　　　　　　　↓（2週間）
　　第3回審理期日
　　　　　　　⋮
　　　　　　　⋮
　　仮処分決定　（申立てから約3か月）
```

第**5**章

事件類型毎の基礎知識と
主戦場を押さえる

30

無効原因の有無が勝負

＜普通解雇＞

1　労働者側の基礎知識

（1）地位の確認

　普通解雇の有効性を争う事件では、労働者は、労働契約上の権利を有する地位にあることの確認を求め、その理由として、普通解雇の無効を主張します。

　普通解雇は使用者による労働契約の解約申し入れですので、一方的意思表示により労働契約は終了するはずですが（民法627条1項）、労基法等の法律によって解雇が制限されている場合又は解雇権濫用に該当する場合（労契法16条）には解雇は無効となります。

　まず、法律上解雇が制限される場合としては、業務上の傷病による休業中の解雇禁止（労基法19条1項）、解雇予告期間内の解雇制限（労基法20条1項）などがあります。

　次に、労契法16条の解雇権濫用に該当するかどうかは、客観的合理的理由と社会通念上の相当性の有無によって判断されます。前者の客観的合理的理由の有無は、通常は解雇事由（就業規程所定の解雇事由等）に該当するかどうかの判断であり、職務懈怠等の債務不履行の重大性や使用者の解雇回避措置を勘案して判断されます。また、後者の社会的相当性は、本人の情状、使用者の落ち度、解雇手続の不履践等を総合的に勘案して判断されます。

　依頼者（労働者）から相談を受けた場合、使用者から通知された解雇理由の内容を確認し、もし使用者が解雇理由を明示していない場合は、使用者から解雇理由証明書の交付を受けてください（労基法22条）。そのうえで、当該解雇について、上記解雇の無効原因がないかを検討してください。

（2）賃金請求

　無効な解雇によって就労を拒否されていたことは、債権者である使用者の責めに帰すべき事由による就労拒否であるため、民法536条2項本文によって労働者は賃金請求権を失わず、解雇時から判決確定日までの賃金の請求をすることができます。

2　使用者側の基礎知識

　理屈をこねても、労基法に違反する解雇や恣意的な解雇が有効になることはありません。使用者は、解雇の意思表示をする前に、解雇に無効原因がないかを慎重に検討してください。

　普通解雇の場合、懲戒解雇と異なり、解雇事由を事後的（訴訟係属後）に追加することができると解されていますが、後日追加した解雇事由は、解雇当時に重視していなかった事由とみなされてしまいますので、解雇通知の時点で認識している解雇事由はすべて解雇通知書や解雇理由証明書に記載してください。

　また、即時解雇する場合には賃金30日分の解雇予告手当を支払う必要があります（労基法20条1項本文）。この点、除外事由（労働者の責に帰すべき事由（同条1項但書））があれば同手当の支払いは不要ですが、除外事由の認定は厳格であり、認定されない場合、解雇が無効になる可能性がありますから、実務では解雇予告を支払って解雇します。

3　訴訟における主戦場

　「客観的合理的理由」や「社会的相当性」の有無に関する主張立証責任は、理論上は解雇無効を主張する原告（労働者）が第一次的な責任を負うはずですが、実務では、使用者が第一次的かつ実質的な立証責任を負うことと解されています。

　したがって、上記要件に関する被告（使用者）の主張立証が訴訟の主戦場になります。

31

有効性は普通解雇よりも認められづらい
＜懲戒解雇＞

1 労働者側の基礎知識

（1）地位の確認

　懲戒解雇の有効性を争う事件では、労働者は、労働契約上の権利を有する地位にあることの確認を求め、その理由として、懲戒解雇の無効を主張します。

　懲戒解雇は、企業秩序の違反に対する使用者による制裁罰ですので、解約申入れである普通解雇とは本質的に異なります。

　懲戒解雇の無効原因として、法律上解雇が制限されている場合と解雇権（懲戒権）濫用に該当する場合（労契法15条）がある点は普通解雇と同じですが、それらに加えて、就業規程に根拠規定（懲戒種別と事由の定め）がない場合、解雇処分時に使用者が認識していない事由に基づく場合（事後的な解雇事由の追加）又は就業規程や労使協定で定められた懲戒解雇の手続を履践しなかった場合も無効原因になり得ます。

　依頼者（労働者）から相談を受けた場合の対応は普通解雇の場合と同じですので、116頁を参照してください。

（2）賃金請求

　普通解雇の場合と同じですので、116頁を参照してください。

2 使用者側の基礎知識

　使用者は、懲戒解雇の意思表示をする前に、懲戒解雇の無効原因がないかを慎重に検討してください。

　社内規定で定められた懲戒手続を遵守していないことを理由に、懲戒

解雇が無効になることがありますので注意してください。

懲戒解雇の場合、普通解雇と異なり、事後的に解雇事由を追加することは認められませんので、認識している解雇事由はすべて解雇通知書や解雇理由証明書に摘示しましょう。

懲戒解雇は普通解雇よりもその有効性が厳格に判断されますので、懲戒解雇の有効性に不安がある場合は予備的に普通解雇の意思表示をすることをお勧めします。

労基法20条1項但書の除外事由（労働者の責に帰すべき事由）があれば解雇予告手当の支払いは不要ですが、除外事由の認定は厳格であり、認定されない場合には予告手当を支払っていないことを理由に解雇が無効とされる可能性がありますから、実務では、懲戒解雇の場合でも解雇予告を支払って解雇することがあります。

3 訴訟における主戦場

使用者は、懲戒解雇事由に該当する事実及び懲戒権濫用の評価障害事実の主張立証責任を負います。しかも、懲戒解雇は、被処分者に対し再就職の妨げになるなどの重大な影響を及ぼしますので、解雇権濫用に該当するかどうかについて、普通解雇よりも厳格に判断される傾向があります（拙著『人事労務の法律問題　対応の指針と手順〔第2版〕』（商事法務、2021年）で詳しく解説しています）。したがって、上記要件に関する被告（使用者）の主張立証が訴訟の主戦場になります。

また、被告（使用者）は上記要件に関する主張を、訴訟係属後早期に行わなければなりません。なぜなら、主張が遅れると、「根拠薄弱のまま懲戒解雇したのでは？」と、裁判官に不利な心証をもたれるおそれがあるからです。懲戒解雇は解雇時点で認識していた（解雇通知書に示した）懲戒事由の有無とその評価が審理の対象となるため、裁判官は「解雇事由の調査や準備に時間はかからない」と考えています。

32

「契約更新に対する合理的期待」が重要

＜雇止め＞

1 労働者側の基礎知識

　期間を定めた雇用契約の場合、雇用期間満了と共に雇用契約が終了すると思われがちですが、必ずしもそうではありません。

　労働者において、「労働契約が更新されるものと期待することについて合理的な理由がある場合」（労契法19条2号）には、期間の定めのない雇用契約の解雇の場合と同様に、雇止めに「客観的合理的理由と社会通念上の相当性」が認められない場合には、契約の更新が擬制されます（＝雇止めは無効になります。労契法19条）。そのため、有期労働契約の雇止めの有効性を争う事件では、労働者は、「契約更新に対する合理的期待があること」と「客観的合理的理由と社会通念上の相当性が認められないこと」を主張立証しなければなりません。

　「契約更新に対する合理的期待」は、業務の臨時性・常用性、更新の回数・雇用の通算期間、契約期間管理の状況、雇用継続の期待を持たせる使用者の言動等の要素を考慮して判断されますので、労働者としては、業務が恒常的であること、正社員の業務と同じであること、複数回にわたって更新されたこと、更新契約が形骸化していること、雇用契約時の説明等において更新を前提とした説明がされていたこと等を主張立証することになります。なお、「有期労働契約が過去に反復して更新されたことがあるものであって、…期間の定めのない労働契約…と社会通念上同視できる」場合も、「客観的合理的理由と社会的相当性」が認められない限り雇止めは無効になりますが（労契法19条1号）、「反復して更新された」という要件は、相当長期間にわたって契約更新がなされた場合にのみ認定されるため、無期雇用転換制度（有期労働契約が通算5年を超えた場合には期間の定めのない契約への転換を認める制度。労契法

18条1項）が新設された現行法下では、労契法19条1号の適用場面は
ほとんどありません。

　次に、労働者としては、雇止めに客観的合理的理由と社会通念上の相
当性が認められないことを主張しなければなりませんが、この点に関し
ては基本的には普通解雇と同じですので116頁を参照してください。

2　使用者側の基礎知識

　使用者側としては、まずは、契約更新に対する合理的期待が生じるよ
うな事情がないことを主張立証します。例えば、当初の雇用契約締結時
に更新をしないこと、あるいは、更新回数について上限を設けることに
ついて合意していたこと、臨時的な需要に応じるための臨時的な業務で
あること、実際に更新をしていないこと、更新契約が形骸化していない
こと等を主張します。

　契約更新に対する合理的期待が認められない場合には、「客観的合理
的理由と社会的相当性」の有無にかかわらず、雇止めは有効となります
が、契約更新に対する合理的期待が認められる場合には、使用者は、雇
止めに「客観的合理的理由と社会的相当性が認められること」を主張立
証しなければなりません。

　この「客観的合理的理由と社会的相当性が認められること」は、要す
るに「当該労働者が有している更新への期待を保護できなくても致し方
ない程度の理由が企業にある」ということです。

3　訴訟における主戦場

　「契約更新に対する合理的期待があること」及び「客観的合理的理由
と社会的相当性が認められないこと」の2つの規範的要件の主張立証が
主戦場です。前者については、労働者（原告）と使用者（被告）がほぼ
同等の主張立証責任を負うというイメージです。後者については、実務
では、使用者が第一次的かつ実質的な立証責任を負います。

33

ハラスメントの有無と損害額が争点

<ハラスメント>

1　労働者側の基礎知識

（1）被告の選定

　ハラスメントを理由とする損害賠償請求事件において、労働者は、被告を誰とするのかを決める必要があります。選択肢は、加害者のみ、企業のみ、加害者と企業の双方のいずれかです。

　加害者に対する請求の原因は不法行為責任（民法709条）であり、企業に対する請求の原因は使用者責任（民法715条）あるいは債務不履行責任（民法415条）です。

　企業に対して債務不履行責任を追及する場合、企業に安全配慮義務違反（職場環境配慮義務違反）が認められなければなりませんので、使用者責任のほうが、債務不履行責任よりも立証が容易な場合が多いでしょう。

（2）損害

　ハラスメントを理由とする損害賠償請求事件において、労働者は、請求金額を決める必要があります。この請求金額は、ハラスメント行為によって被害者たる原告に疾病が生じたか否かで大きく異なります。

　疾病が生じていない場合は、請求できるのは、原則として慰謝料のみです。これに対して、疾病が生じた場合には、疾病に対する治療費、休業損害、通院慰謝料を請求することができます。さらに、後遺障害が残った場合には、後遺障害慰謝料と後遺障害逸失利益を請求することができます。労災保険金を受領した場合には、その分を治療費、休業損害、後遺障害逸失利益から控除しなければなりません。

（3）ハラスメント行為の立証責任

　ハラスメント行為の立証責任は、原告たる労働者が負いますので、ハラスメント行為を立証できる証拠があるかどうかを慎重に検討しなければなりません。

2　使用者側の基礎知識

　ハラスメント事案において、使用者は事実関係や証拠を隠蔽してはなりません。ハラスメントは、労働者の個人的な倫理性の欠如に起因する側面が強く、使用者に帰責性がない事案も少なくありません。一方、隠蔽は使用者の故意であり、悪質性が全く異なります。仮に、隠蔽したことが明らかになった場合、企業の信用が毀損されてしまいます。

　ハラスメントを理由とする損害賠償請求事件において、被害労働者の主張に法的な理由がある場合は早期和解を目指すのが得策です。しかし、法外な請求に応じる必要はありません。

　使用者の訴訟対応としては、例えば、ハラスメントの違法性については、通達や類似した裁判例を示して違法性の評価に関する主張を行うこと、疾病の内容について主治医の診断書や診療経過を検証し、因果関係の有無や素因減額に関する主張を行うこと、損害（後遺障害逸失利益等）の算定等については従前の裁判例の傾向を踏まえた主張を行うことなどが挙げられます。

3　訴訟における主戦場

　ハラスメントを理由とする損害賠償請求事件における最大の争点は、ハラスメント行為の有無と損害額です。これらの要件についての原告の主張立証が主戦場となります。

34

労基法と判例の知識、
未払賃金額の正確な計算が必要
＜未払賃金の請求＞

1 労働者側の基礎知識

　未払賃金を請求する事件としては、時間外労働の割増賃金を請求する事件、業務の準備行為や研修等の時間に関する賃金を請求する事件、賃金減額処分の効力を争い差額賃金を請求する事件等があります。

（1）時間外労働の割増賃金を請求する事件

　時間外労働の割増賃金を請求する事件は、簡単な事件ととらえられがちですが、そうではありません。労基法やその判例に関する正確な知識が必要ですし、各社が採用している労働時間制度に日々の実労働時間をあてはめて未払賃金額を計算しなければなりませんので、手間がかかる事件です。

　割増賃金請求事件における主たる争点は2つです。

　1つ目は、就業規則や労働契約で定められた労働時間に関する契約内容自体の労基法違反の有無です。例えば、固定残業代の定めが割増賃金を定める労基法37条に違反しないか、労働時間規制（同法32条）の例外である変形労働時間制度（同法32条の2、32条の4、32条の4の2、32条の5）、事業場外労働みなし労働時間制度（同法38条の2）、裁量労働時間制度（同法38条の3、38条の4）、管理監督者制度（同法41条2号）に違反しないか等です。

　2つ目は、日々の始業・終業時間の認定です。各社により始業・終業時間の管理の方法が異なっており、とくに、自己申告制の場合には、実際の労働時間と申告内容が乖離しているケースがありますので、出退勤記録、パソコンのログイン・ログオフの資料等と申告内容を突合して、実労働時間を算定・主張する必要があります。

（2） 業務の準備行為や研修等の時間に関する賃金を請求する事件

　労働時間とは、客観的に労働者が使用者の指揮命令下に置かれている時間をいいますが、例えば、手待ち時間、実作業の前後の準備や後始末の時間、通勤時間、研修の時間、持ち帰り残業の時間については、それが労働時間に該当するかどうかが争点となります。

　労働時間該当性については、判例等を調査し、それに基づき正確な主張をすることが必要です。

（3） 賃金減額の効力を争い差額賃金を請求する事件

　賃金減額の効力を争い差額賃金を請求する事件については、使用者が賃金を減額した根拠に応じて争点が異なります。

【賃金減額の根拠と争点】

賃金減額の根拠	争点
使用者と労働者との間の個別合意	労働者の「自由な意思による同意」があったかどうか
就業規則の変更	労契法10条の要件（就業規則の変更が、「労働者の受ける不利益の程度、労働条件の変更の必要性、変更後の就業規則の内容の相当性、労働組合等との交渉の状況その他の就業規則の変更に係る事情に照らして合理的なものである」）を充足しているかどうか
労働協約	・労働協約を締結した組合の組合員との関係では、「特定の組合員を殊更不利益に取り扱うことを目的として締結された」かどうか ・労働協約を締結した組合員以外の者との関係では、労組法17条の要件充足性（とくに、当該労働協約を当該従業員に適用することが著しく不合理かどうか）
懲戒処分	労契法15条の客観的合理性と社会通念上の相当性
人事処分（降格処分）	企業が採用している人事制度（職能資格制度、職務・役割等級制度）毎に処分の有効性の要件が異なる

2 使用者側の基礎知識

　未払賃金請求事件全般に共通する注意事項として、消滅時効（当分の間は3年。労基法115条で5年）が完成している賃金債権について、無意識に「債務承認」しないようにすることが挙げられます。

（1）時間外労働の割増賃金を請求する事件

　時間外労働の割増賃金を請求する事件では、労基法違反の有無と実労働時間の認定が主たる争点です。

　まず、労基法違反の有無については、判例が蓄積している分野であり、それと異なる解釈論を主張しても結論を変えることは困難な場合が多いです。時間の経過とともに遅延損害金が蓄積するなどコストが増大しますので、適法性について早期に検討を行い、労基法違反があれば和解をするのが得策です。

　次に、実労働時間の認定については、証拠の有無を丁寧に確認することが重要です。なお、タイムカード等の機械的手段によって労働時間の管理を行っている場合に、特段の事情なくタイムカード等の開示を拒絶した場合には、そのこと自体が不法行為に該当する可能性がありますので注意してください（大阪地判平22年7月15日労判1014号35頁）。

（2）業務の準備行為や研修等の時間に関する賃金を請求する事件

　労働時間該当性についても、事案毎に判例が蓄積しています。これらを正確に理解すれば、労基法の労働時間に該当するかどうかを判断することができます。この事件も適法性について早期に検討し、労基法違反があれば和解をするのが得策です。

（3）賃金減額の効力を争い差額賃金を請求する事件

　賃金減額の根拠に応じて争点が異なりますので、それぞれの争点に応じた判例を詳細に調査し、判例の傾向を分析して主張を組み立てる必要があります。

とくに、人事処分（降格処分）の有効性は、企業が採用している人事制度（職能資格制度、職務・役割等級制度）毎に処分の要件が全く異なりますので、判例を調査・分析する際には注意が必要です。

3 訴訟における主戦場

時間外労働の割増賃金請求事件では、始業・終業時刻の主張立証が主戦場となります。これは労働者が主張立証責任を負います。

業務の準備行為や研修等の時間に関する賃金を請求する事件では、労働時間該当性の主張立証が主戦場となります。労働者、使用者ともに判例等に基づく法的主張が重要です。

賃金減額の効力を争い、差額賃金を請求する事件は、賃金を減額した根拠に応じて主戦場は異なりますが、例えば、就業規則の不利益変更の場合は変更の合理性の主張立証が主戦場となります。これは使用者が主張立証責任を負います。

35

診断書の信用性が勘所

＜メンタル不調を理由とした解雇（自然退職）＞

1　労働者側の基礎知識

　メンタル不調により業務遂行ができないことを理由とする普通解雇（自然退職）の有効性を争う事案が増えています。

　この事案における普通解雇の有効性は、メンタル不調が業務に起因して生じたものであるかどうか(業務起因性が認められるかどうか)によって要件が全く異なります。

（1）メンタル不調に業務起因性が認められる場合

　メンタル不調に業務起因性が認められる場合は、その療養のための休業期間中（又は症状固定となるまで）の解雇は原則として禁止されます（労基法19条）。

　そのため、労働者としては、まず、メンタル不調について業務起因性が認められるかどうかを検討します。この検討は、医師の診断書や心理的負荷を生じさせる業務上の出来事の有無等によって行います。心理的負荷を生じさせる業務上の出来事の有無の検討方法は、厚生労働省の「心理的負荷による精神障害の認定基準について」（基発第0821第4号）を参照してください。

（2）メンタル不調に業務起因性が認められない場合（私傷病の場合）

　メンタル不調に業務起因性が認められない場合（私傷病の場合）は、労基法19条の解雇禁止の規定は適用されません。

　しかし、だからといって、無条件に普通解雇が認められるわけではありません。使用者が、就業規程で休職制度を設けている場合は、所定の休職期間内に回復できなかった場合にはじめて解雇（自然退職の取扱い）

をすることが認められます。使用者は、休職制度を設けた以上、その制度を利用して疾病の回復を待たなければならないのです（ただし、休職制度を適用しても疾病の回復の余地が全くないことが明らかな場合は、休職制度を利用しないまま解雇することが認められます）。

そのため、メンタル不調に業務起因性が認められない場合（私傷病の場合）は、休職制度の有無とその内容を確認しなければなりません。

休職制度が設けられているにもかかわらず、この制度を適用せずになされた解雇や所定の休職制度の内容に反する解雇（自然退職の取扱い）は、解雇権の濫用として無効になります。

これに対して、所定の休職制度が適用されていた場合は、復職の可否が問題になります。すなわち、使用者が休職中の労働者に対して復職を認めなかったことの適法性が問題になります。この点、労働者としては、休職期間満了前に休職事由が消滅したこと、つまり、「疾病が治癒したこと」を主張立証しなければなりません。

ここでの「治癒」は、医学的な意味とは異なる場合がありますので注意してください。すなわち、雇用契約において職種や業務を限定する特約がある場合は、「休職前の職務を通常の程度に行える健康状態に回復したこと」を意味しますが、そのような特約がない場合は、「労働者が配置される現実的な可能性がある他の業務について労務の提供をすることができる状態であること」を意味します。

2 使用者側の基礎知識

（1）メンタル不調に業務起因性が認められる場合

業務起因性が肯定される場合には、休業中の解雇の有効要件として、症状が固定しているか、あるいは、労基法81条の打切補償（＝治療開始から3年経過しても疾病が治らない場合に平均賃金の1200日分を支払うことで解雇制限が解除されます）をしたうえで解雇することが必要です。

もっとも、精神疾患の場合、症状固定の立証は相当に困難です。

（2）メンタル不調に業務起因性が認められない場合（私傷病の場合）

　休職制度が設けられている場合（大半の企業では休職制度が設けられています）は、いきなり解雇するのではなく、休職命令を出して疾病の回復を待たなければなりません。なお、休職命令を出すためには、就業規則が定める要件（例えば、○日間の欠勤）を充足しなければなりませんし、休職命令の内容（休職期間等）も就業規則に従う必要があります。また、休職命令を出す際には、メンタル不調が回復して復職の希望がある場合は連絡するよう労働者に対して通知しておきます。

　休職中の労働者から復職の希望があった場合は、復職の可否を検討しなければなりません。

　復職可否（治癒）の判断は、主治医の診断書（労働者に提出を求めます）、労働者との面接、産業医の意見等を総合的に判断します。なお、主治医は労働者の意向に沿った診断書を作成する傾向が見受けられます。主治医の診断書に疑問があれば、本人の同意を得たうえで、主治医に対して面談を求めたり、情報提供依頼を行ったりしてください。

　復職（治癒）の判断基準は、職種等を限定する特約がない場合は、「当該労働者が配置される現実的可能性があると認められる他の業務について労務の提供をすることができる状態であるか」であり、従前の業務に従事できないことだけでは足りませんので注意が必要です。もっとも、訴訟においては、必ずしも、社内に存在するすべての職務に従事できないことの主張立証が求められるわけではありません。

　例えば、総合職で採用された職員については、総合職の中での配置可能性が認められるか否かが問題となるとする裁判例（東京地判平成25年1月31日労判1083号83頁）も存在しますので、類似する事案の裁判例においてどのような基準で治癒の判断をしているかの調査が重要となります。

　復職（治癒）の判断をするに際しては、休職期間満了前にトライアル勤務、リハビリ勤務（職務を軽減した勤務を実際に行って復職の可否を判断する方法）を行うことが有用です。

3 訴訟における主戦場

　メンタル不調により業務遂行ができないことを理由とする普通解雇（自然退職）の有効性を争う事案の場合、業務起因性の有無と（業務起因性が認められない場合には）休職事由の消滅の有無が主たる争点となります。

　業務起因性の有無は、「心理的負荷による精神障害の認定基準について」（基発第0821第4号）に定められた「出来事」に該当する具体的事実の主張立証が主戦場となります。これは労働者が立証責任を負います。

　休職事由の消滅（治癒）については、労働者側で主張立証責任を負いますが、主治医の復職可の診断書が提出されている事案では、診断書に対する使用者の反証が主戦場となります。使用者は、復職不可の判断に至った経過と理由を説得的に主張立証する必要があります。

36

ポイントは業務起因性の主張立証
＜労災＞

1 労災補償と民事損害賠償請求の使い分け

　労災とは、業務上災害（＝労働者の業務上の負傷、疾病、障害又は死亡）のことです。

　労災に関して、使用者は労基法上の労災補償責任（労基法75条〜88条）と民事損害賠償責任（民法415条、709条）を負います。

　労災補償責任は、労災保険によって担保され、保険の範囲内の損害について使用者は労災補償責任を免責されます。また、労災補償は民事損害賠償責任とは異なり無過失責任であるうえ、労災保険は短期間で支給決定がなされますので、労災が起こった場合、労働者は、通常は、使用者に対して民事損害賠償を請求するのではなく、労働基準監督署に対して労災保険を申請します。

　他方で、労基法上の労災補償責任の対象は、療養補償、休業補償、障害補償、死亡補償であり慰謝料等が対象外とされるため、労災保険とは別に、使用者に対して慰謝料等の支払を求めて民事損害賠償請求をすることがあります。

2 労働者側の基礎知識

（1）労災保険不支給処分の取消訴訟

　労働者は、労働基準監督署長に対して、労災保険給付の申請をし、労働基準監督署は支給又は不支給の決定をします。不支給決定に不服がある場合には、労働者は、審査請求及び再審査請求を行うことができます。

　ただし、審査請求をする場合には、労働基準監督署を管轄する労働局に対する「保有個人情報開示請求」により災害調査復命書等の資料を入

手して、不支給と判断された理由を十分に検討してください。

審査請求をしても覆らなかった場合には、裁判所に不支給処分の取り消しを求めて訴訟を提起することができます（審査前置主義）。この訴訟における被告は国であり、使用者ではありません。

労災保険不支給処分の取消訴訟における主たる争点は、業務起因性の有無です。

業務起因性の有無は、抽象的には「業務に内在する危険が現実化した」と認められるかどうかによって判断されます。

この点、業務中に交通事故に遭って怪我をした事案のように、業務と負傷・疾病の間に災害が媒介し、発症が時間的、場所的に明らかな負傷・疾病（「災害性負傷」「災害性疾病」といいます）の場合、業務起因性の有無が明らかな場合が多く、訴訟に至ることはほとんどありません。

これに対し、例えば、運送業における腰痛のように、災害によらない疾病（職業病）については、同一の疾病について様々な原因が考えられることから、業務起因性の判断が困難な事案が多く、訴訟に至る場合が少なくありません。代表的な職業病については、厚生労働省が業務起因性の認定基準を定めており、訴訟においてもこの基準に依拠して主張を展開することが多いでしょう。

（2）民事損害賠償請求

労働者は、使用者の安全配慮義務違反（民法415条、709条）を根拠に損害賠償請求をすることができます。この訴訟における被告は使用者です。

民事損害賠償請求の場合、業務起因性に加えて、使用者の帰責性又は故意・過失を主張立証しなければなりません。

労災保険給付で補てんされた損害を重ねて使用者に賠償請求することはできません。

3 使用者側の基礎知識

(1) 労災保険給付

　労災保険給付申請に関して、使用者は労働者から事業主証明をするよう求められますが、使用者の認識と異なることの証明をする必要はありません。また、労災保険給付に関する労働基準監督署の調査に協力しなければなりませんが、ここでも使用者の認識する事実を説明してください。

　労災保険給付申請に対する労働基準監督署の決定は使用者に対しては通知されませんので、決定内容を知りたい場合は労働者に確認してください。

　なお、労災保険給付申請の不支給決定に対する取消訴訟の被告は国であり、使用者ではありません。

(2) 民事損害賠償請求訴訟への対応

　労災事故の民事損害賠償訴訟の被告は使用者です。この訴訟においては、通常、業務起因性の有無、安全配慮義務違反の有無及び損害（過失相殺）が争点となります。

　業務起因性の有無に関しては、労災保険給付申請が先行している事案では、行政庁の決定が裁判でも事実上尊重される傾向があります。

　安全配慮義務の有無に関しては、被告としては、使用者にとって予見し得ない事由であった、あるいは、予見し得た危険に対し回避措置を講じていたことを、具体的に主張立証する必要があります。

　損害についても、損害の有無の考え方、損害額の算定方法についてはたくさんの論点があります。損害の論点に関しては、交通事故訴訟の議論が参考になりますので、『交通事故損害額算定基準』（日弁連交通事故相談センター本部編）や『民事交通事故訴訟 損害賠償額算定基準』（日弁連交通事故センター東京支部編）を参照して漏れのない反論をしてください。

4 訴訟における主戦場

　労災保険不支給処分の取消訴訟の主戦場は業務起因性の有無です。労働基準監督署長の処分は、専門家の意見書（自殺の事案においては、各労働局の地方労災医員協議会精神障害等専門部会の意見書）などを踏まえた公平な判断ですので、これを覆すことは容易ではありません。上記専門家の意見を入手・検討し、その問題点を見つけ出すことから始める必要があります。

　民事損害賠償請求の主戦場は、上記の業務起因性に加えて、安全配慮義務の有無と損害の主張立証です。安全配慮義務については、労働者側が主張立証責任を負いますが、実際の訴訟では、使用者が講じた回避措置が主たる争点になることが多いです。また、損害については、労働者と使用者双方が、交通事故訴訟で構築された規範を参考に漏れのない主張をすることがポイントとなります。

著者紹介

佐藤久文 (さとう・ひさふみ)

弁護士（外苑法律事務所）。
2000年に裁判官に任官し、2008年に退官。裁判官時代に労働集中部に在籍。

〈主要著書〉
『人事労務の法律問題　対応の指針と手順　第2版』（商事法務、2021年）
『早わかり！ ポスト働き方改革の人事労務管理』（日本加除出版　2019年）（編著）
『訴訟弁護士入門―民事事件の受任から解決まで』（中央経済社　2018年）（共著）
『訴訟の技能―会社訴訟・知財訴訟の現場から』（商事法務、2015）（共著）ほか

労働訴訟・審判の
弁護士スキル

2023年8月10日　初版発行

著　者　佐藤久文（さとうひさふみ）
発行者　佐久間重嘉
発行所　学 陽 書 房

〒102-0072　東京都千代田区飯田橋1-9-3
営業　電話　03-3261-1111　FAX　03-5211-3300
編集　電話　03-3261-1112　FAX　03-5211-3301
http://www.gakuyo.co.jp/

装丁／佐藤 博
DTP制作／岸 博久（メルシング）
印刷・製本／三省堂印刷